초등영어 쓰기독립

글쓰기 스타터
Paragraph Writing

3 단계

재능많은
영어연구소
지음

휴먼
어린이

초등영어 쓰기독립 3단계
"20일만 따라 하면 긴 글 쓰기가 된다!"

글쓰기 스타터 구성

1 문장 쓰기를 넘어 긴 글 쓰기

앞서 문장 원리를 이해하고 문장을 썼다면 이제 문장 쓰기의 한계를 넘어 스스로 긴 글을 써 볼 수 있어야 합니다. 점점 학교에서 중요시하는 것이 주관식 서술형뿐만 아니라 수행평가 등에서 주제에 맞게 영어로 말하고 쓰기이기 때문입니다. 이제 막연하게 두려워하는 긴 글 쓰기를 초등영어 쓰기독립으로 극복할 수 있습니다.

2 20개의 주제별 대표 글로 주요 표현들을 익히며 쓰기

친구, 학교, 일상, 사회 등 총 20가지의 초등학생에게 친숙한 주제를 다루고 있습니다.
초등학생이라면 꼭 알아야 할 소재와 표현을 바로 자신의 글에 손쉽게 적용해 글쓰기를 할 수 있습니다. 60여 개의 문장 표현과 240개 문장으로 자연스럽게 긴 글을 완성해 보세요.

3 3단계의 학습을 통해 스스로 글쓰기까지

〈1단계 전체 글 읽고 단어 확인하기 → 2단계 대표 문장 확인하고 바꿔 쓰기 → 3단계 스스로 글 쓰기〉로 쓰기를 훈련할 수 있습니다. 60여 개의 문장 표현을 240개의 문장으로 확장되어 자연스럽게 긴 글 쓰기까지 연결됩니다.

주제 글 읽기	문장 표현 익히기	문장 바꿔 쓰기	스스로 글 쓰기
20여 개의 주제 글을 읽고 전체 이해하기	주요 문장 표현을 익히고 써 보기	주요 문장 표현을 이용하여 바꿔 쓰기	240여 개의 문장으로 긴 글 쓰기

 매일매일 쓰기독립! 자연스럽게 이루어지는 학습계획

부담 없는 하루 학습량과 명확하고 목표에 맞는 학습 계획으로 즐거운 집중이 이루어져 즉각적으로 문장을 쓸 수 있어요.

초등영어 쓰기독립 3단계

글쓰기 스타터 특징

1 대표 글 읽기

초등 교과 주제와 문장 들로 이루어진 대표 글을 먼저 만나요. 강조된 부분에 집중적으로 읽으며 전체 글의 흐름을 이해해 보세요. 그리고 우리말 번역을 읽으며 내가 쓸 글을 한 번 더 그려 볼 수 있어요.

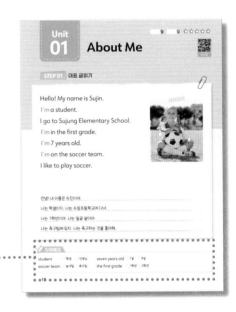

2 주요 문장 배우고 바꿔 쓰기

글에 주요 표현 문장의 특징을 배워요. 초등 교과에 나오는 문장을 패턴으로 파악하고 주어진 단어 덩어리로 바꿔 쓰다 보면 다양한 표현을 익힐 수 있어요.

③ 스스로 글쓰기

배운 글을 다시 떠올리며 스스로 글을 써 보세요.
하단에 주어진 우리말을 참조하여 어려움 없이
한 번 직접 써 보세요.

주어진 표현으로 자신만의 글을 추가로 써보아도 좋아요.

④ 총정리 - 듣고 따라 쓰기

4개 유닛별로 원어민이 직접 녹음한 내용을 듣고
따라 써 보세요. 주요 문장을 다시 써 보며 자연스
럽게 글쓰기를 정리할 수 있어요.

QR코드를 찍으면 오늘 배운 내용을
원어민의 정확한 발음으로 들을 수 있어요!

초등영어
3단계만 따라 하면
쓰기독립이 된다!

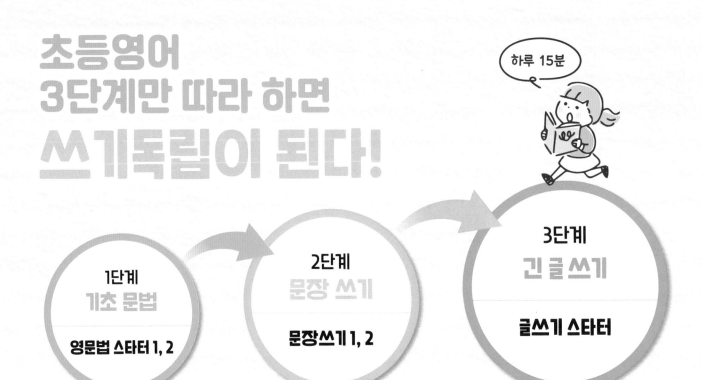

하루 15분

1단계
기초 문법

영문법 스타터 1, 2

2단계
문장 쓰기

문장쓰기 1, 2

3단계
긴 글 쓰기

글쓰기 스타터

1단계 영문법 스타터 1, 2

42일만 따라 하면 문법이 보인다

기초 문법

문법 규칙 1
명사·대명사·동사

문법 규칙 2
명사·형용사·부사
동사·의문사

기초 문법으로 문장 쓰기!
초등 영문법 학습

문법 규칙: 품사 1

규칙 변화

규칙으로 문장 조립

문장 쓰기

1단계 문법 이해하고 문장 쓰기

문법 규칙: 품사 2

규칙 변화와 확장

규칙으로 문장 조립

문장 쓰기

1단계 문법 이해하고 문장 쓰기

문장 쓰기

문장 연습 1
문장 패턴

문장 연습 2
문장 구조

문장 패턴
주제 단어
문장 쓰기
짧은 글 바꿔 쓰기

2단계 초등 문장 패턴 익히기

문장 구조
동사·자주 쓰는 단어
문장 쓰기
짧은 글 바꿔 쓰기

2단계 문장 구조 이해하고 쓰기

한 문장에서 짧은 글쓰기까지!
필수 문장 패턴과 문장 구조로 쓰기

긴 글 쓰기

쓰기 첫 독립
주제별 글쓰기

주제별 글 읽기
핵심 문장 파악
문장 바꿔 쓰기
자기 글쓰기

3단계 스스로 글쓰기 도전!

이제 긴 글도 혼자서 척척!
초등 3, 4학년 주제 글쓰기

초등영어 쓰기독립 3단계
글쓰기 스타터

About Me

QR코드

STEP 01 대표 글읽기

Hello! My name is Sujin.

I'm a student.

I go to Sujung Elementary School.

I'm in the first grade.

I'm 7 years old.

I'm on the soccer team.

I like to play soccer.

안녕! 내 이름은 수진이야.

나는 학생이지. 나는 수정초등학교에 다녀.

나는 1학년이야. 나는 일곱 살이야.

나는 축구팀에 있지. 나는 축구하는 것을 좋아해.

✓ 단어체크

| student | ☐학생 ☐선생님 | seven years old | ☐7세 ☐8세 |
| soccer team | ☐농구팀 ☐축구팀 | the first grade | ☐1학년 ☐2학년 |

문장 연습하기

문장 연습 전에 대표 표현 확인하기

I am~   나는 ~이다(있다)

'나는 1학년이야.' '나는 축구팀에 있어.'와 같이

'나는 ~이다'와 '나는 ~에 있다'를 표현할 때 <I am~>으로 써 보세요.

I am은 줄여서 I'm으로 써요.

핵심 문장 쓰기

001   **I am a student .** 나는 **학생**이다.

a genius   나는 천재이다.

➡ I am _____

더 써 보기

I am _____

이름: Sue, Jack

의사: a doctor

선생님: a teacher

열두 살: 12 years old

---

a singer   나는 가수이다.

➡ _____

나는 _____이다.

➡ _____

11

002 **I am** **in the first grade** . 나는 **1학년**이다.

in the 2ⁿᵈ grade 나는 2학년이다.

➡ I am _____

in the 3ʳᵈ grade 나는 3학년이다.

➡ _____

003 **I am** **on the soccer team** . 나는 **축구팀**에 있다.

in the room 나는 방에 있다.

➡ I am _____

in the park 나는 공원에 있다.

➡ _____

추가 표현
Sentence
쓰기

01 나는 수정초등학교에 다닌다. (go to ~ Sujung Elementary School)

➡ _____

02 나는 축구하는 것을 좋아한다. (like to play)

➡ _____

12

STEP 03   스스로 글쓰기

아래 주어진 우리말을 참고하여 앞의 글을 그대로 따라 써 보세요. (앞의 글을 참조하여 자신만의 글을 써 봐도 좋아요.)

About Me

Hello! My name is
_____

_____

I go to
_____

_____

_____

_____

I like to
_____

_____

_____

_____

앞에 나온 본문 내용

안녕! 내 이름은 수진이야. 나는 학생이지.
나는 수정초등학교에 다녀.
나는 1학년이야. 나는 일곱 살이야.
나는 축구팀에 있지.
나는 축구하는 것을 좋아해.

추가 문장들을 더 써 보세요

학교를 말할 때
➡ I go to (학교명) Elementary School.

무엇을 하기 좋아하는지 말할 때
➡ I like to 동사~

My Family

STEP 01 대표 글읽기

There are four people in my family.

I live with my grandma.

She is fun.

My dad **is** a math teacher.

He is always busy.

My mom **is** an office worker.

She is kind. I love my family.

우리 가족은 네 명이다.

나는 나의 할머니와 산다. 그녀는 재미있다.

나의 아빠는 수학 선생님이다. 그는 항상 바쁘다.

나의 엄마는 회사원이다. 그녀는 친절하다.

나는 우리 가족을 사랑한다.

 단어체크

fun	☐ 무서운 ☐ 재미있는	math teacher	☐ 수학 선생님	☐ 영어 선생님
busy	☐ 바쁜 ☐ 한가한	office worker	☐ 의사	☐ 회사원

문장 연습하기

문장 연습 전에 대표 표현 확인하기

> # She is~ 그녀는 ~(하)다

'그녀는 재미있다.' '그는 바쁘다.'와 같이 '그녀는 ~(하)다'와 '그는 ~(하)다'를 표현할 때 <She is~> 또는 <He is~>로 써 보세요.

핵심 문장 쓰기

001 **She is fun .** 그녀는 **재미있다.**

busy 그는 바쁘다.

➡ He is _____

더 써 보기
She is _____
상태: busy(바쁜)
특징: fun(재미있는)
성격: kind(친절한)
caring(배려하는)

kind 그녀는 친절하다.

➡ _____

그녀는 _____(하)다.

➡ _____

I live with my grandma . 나는 **나의 할머니**와 산다.

my dog   나는 내 강아지와 산다.

➡ I live with
_____

my family   나는 나의 가족과 산다.

➡
_____

더 써 보기 🔖

live with _____

애완동물: pet
할아버지: grandpa

He is a math teacher . 그는 **수학 선생님**이다.

an office worker   그녀는 회사원이다.

➡ She is
_____

a student   그는 학생이다.

➡
_____

더 써 보기 🔖

He/She is _____

주부: housemaker
경찰: police officer
소방관: firefighter

**추가 표현
Sentence
쓰기**

01 우리 가족은 네 명이다. (There are~)

➡
_____

02 나는 내 가족을 사랑한다. (love)

➡
_____

STEP 03 스스로 글쓰기

아래 주어진 우리말을 참고하여 앞의 글을 그대로 따라 써 보세요.(앞의 글을 참조하여 자신만의 글을 써 봐도 좋아요.)

My Family

There are

I love

앞에 나온 본문 내용

우리 가족은 네 명이다.
나는 나의 할머니와 산다. 그녀는 재미있다.
나의 아빠는 수학 선생님이다. 그는 항상 바쁘다.
나의 엄마는 회사원이다. 그녀는 친절하다.
나는 우리 가족을 사랑한다.

추가 문장들을 더 써 보세요

가족을 더 말할 때
➡ sister(언니, 여동생, 누나) brother(오빠, 남동생, 형)

성격, 특징을 더 말할 때
➡ shy(부끄럼이 많은) smart(똑똑한) quiet(조용한)

In My Bag

STEP 01 대표 글읽기

What is in your bag?

There is a pencil case.

It is small and blue.

There are pencils and an eraser.

Rabbit head caps are on the pencils.

They are cute.

There are textbooks and notebooks.

They are too heavy.

네 가방에는 무엇이 있니?

필통이 있다. 그것은 작고 파란색이다.

연필과 지우개가 있다. 토끼 머리 뚜껑이 연필에 있다. 그것들은 귀엽다.

교과서들과 공책들이 있다. 그것들은 너무 무겁다.

 단어체크

| pencil case | □연필 | □필통 | eraser | □지우개 | □연필 | notebook | □공책 | □교과서 |
| cap | □모자, 뚜껑 | □양말 | cute | □낡은 | □귀여운 | heavy | □가벼운 | □무거운 |

문장 연습 전에 대표 표현 확인하기

There is/are~ ~이 있다

'필통이 있다.' '연필과 지우개가 있다.'와 같이
하나일 때는 <There is~>, 둘 이상 여럿일 때는 <There are~>로 개수에 따라 구분해서 써 보세요.

핵심 문장 쓰기

001　　There is **a pencil case** . **필통**이 있다.

an eraser　　내 필통에는 지우개 하나가 있다.

➡ There is _____ in my pencil case.

더 써 보기
There is _____
펜: pen
풀: glue stick
자: ruler

a pencil　　내 필통에는 연필 하나가 있다.

➡ _____

内 필통에는 _____ 있다.

➡ _____

There are **pencils** . 연필들이 있다.

textbooks   내 가방에는 교과서들이 있다.

➡ There are   in my bag.

notebooks   내 가방에는 공책들이 있다.

➡

더 써 보기

There are _____

안경: glasses

크레용: crayon

가위: scissors

They are **too heavy** . 그것들은 **너무 무겁**다.

cute   그것들은 귀엽다.

➡ They are

small and blue   그것들은 작고 파란색이다.

➡

더 써 보기

They are _____

가벼운: light

비싼: expensive

낡은: old

추가 표현
Sentence
쓰기

01 네 가방에는 무엇이 있니? (What is~)

➡

02 토끼 머리 뚜껑이 연필에 있다. (Rabbit head caps are~)

➡

20

아래 주어진 우리말을 참고하여 앞의 글을 그대로 따라 써 보세요. (앞의 글을 참조하여 자신만의 글을 써 봐도 좋아요.)

In My Bag

What is in your bag?

Rabbit head caps

앞에 나온 본문 내용

네 가방에는 무엇이 있니? 필통이 있다.
그것은 작고 파란색이다. 연필과 지우개가 있다.
토끼 머리 뚜껑이 연필에 있다.
그것들은 귀엽다.
교과서들과 공책들이 있다.
그것들은 너무 무겁다.

추가 문장들을 더 써 보세요 ✎

가방에 있는 물건을 더 말할 때

- headphones(헤드폰) planner(일정 계획표)
- water bottle(물통) lunch box[도시락(통)]

Let's Play

Matt is my best friend.

We love to have fun.

We go to the playground every day.

On a slide, **we go** up and down.

On a merry-go-round, **we go** round and round.

And we play hide-and-seek.

We play rock-paper-scissors.

We play all day long.

매트는 나의 가장 좋은 친구이다. 우리는 재미있는 것을 좋아한다.

우리는 매일 놀이터에 간다. 미끄럼틀에서 우리는 오르락내리락한다.

뺑뺑이에서 우리는 빙글빙글 돈다. 그리고 우리는 숨바꼭질을 한다.

우리는 가위바위보를 한다. 우리는 하루 종일 논다.

✔️ 단어체크

| best | ☐ 가장 나쁜 ☐ 가장 좋은 | hide-and-seek | ☐ 달리기 ☐ 숨바꼭질 |
| playground | ☐ 놀이터 ☐ 학교 | rock-paper-scissors | ☐ 줄다리기 ☐ 가위바위보 |

문장 연습 전에 대표 표현 확인하기

We go~ 　우리는 ~에 간다

'우리는 놀이터에 간다.' '우리는 오르락내리락한다.'와 같이
어떤 장소나 방향으로 가는 것을 표현할 때 동사 go로 써 보세요.

핵심 문장 쓰기

001　　**We go to the playground .**　우리는 **놀이터**에 간다.

the park　우리는 공원에 간다.

➡ We go to _____

더 써 보기
go to _____
동물원: zoo
해변: beach
은행: bank

school　우리는 학교에 간다.

➡ _____

　　　　　　우리는 _____에 간다.

➡ _____

002 **We go up and down .** 우리는 **오르락내리락**한다.

round and round   우리는 빙글빙글 돈다.

➡ We go _____

더 써 보기

go _____

들락날락: in and out

언덕 아래로: down
the hill

up the hill   우리는 언덕 위로 간다.

➡ _____

003 **We play hide-and-seek .** 우리는 **숨바꼭질**을 한다.

rock-paper-scissors   우리는 가위바위보를 한다.

➡ We play _____

더 써 보기

play _____

축구: soccer

농구: basketball

야구: baseball

all day long   우리는 하루 종일 논다.

➡ _____

추가 표현
Sentence
쓰기

01 매트는 나의 가장 좋은 친구이다. (~is my best friend)

➡ _____

02 우리는 재미있는 것을 좋아한다. (love to~)

➡ _____

STEP 03 스스로 글쓰기

아래 주어진 우리말을 참고하여 앞의 글을 그대로 따라 써 보세요.(앞의 글을 참조하여 자신만의 글을 써 봐도 좋아요.)

Let's Play

_____ is my best friend.

We love to _____

_____

_____

_____

_____

_____

_____

_____

앞에 나온 본문 내용

매트는 나의 가장 좋은 친구이다.
우리는 재미있는 것을 좋아한다. 우리는 매일 놀이터에 간다.
미끄럼틀에서 우리는 오르락내리락한다.
빙뱅이에서 우리는 빙글빙글 돈다.
그리고 우리는 숨바꼭질을 한다.
우리는 가위바위보를 한다. 우리는 하루 종일 논다.

추가 문장들을 더 써 보세요

놀이기구를 더 말할 때

➡ swing(그네) seesaw(시소) tunnel(터널)
➡ spring horse(스프링 말) jungle gym(정글짐)

STEP 01 대표 글읽기

My school **starts at** 8:30.

I leave for school at 8 o'clock.

I live near my school.

And I walk to school.

I have 6 classes a day.

The last class **ends at** 4.

I usually have free time after school.

I go to a math academy on Fridays.

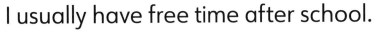

나의 학교는 8시 30분에 시작한다. 나는 8시에 학교로 나간다.

나는 학교 근처에 산다. 그리고 나는 학교에 걸어서 간다.

나는 하루에 6개의 수업이 있다. 마지막 수업은 4시에 끝난다.

나는 대개 방과 후에 쉰다. 나는 금요일마다 수학 학원에 간다.

✓ **단어체크**

start	☐ 시작하다 ☐ 끝나다	end	☐ 시작하다 ☐ 끝나다
leave	☐ 떠나다 ☐ 도착하다	walk	☐ 뛰다 ☐ 걷다, 걸어가다

문장 연습 전에 **대표 표현 확인하기**

~start at 8 ~은 8시에 시작한다

'나의 학교는 8시 30분에 시작한다.'와 같이 어떤 것이 몇 시에 시작한다고 표현할 때
동사구 start at으로 써 보세요. 어떤 것이 끝날 때는 end at으로 표현해요.

핵심 문장 쓰기

001 **My school** starts at 8:30. **나의 학교**는 8시 30분에 시작한다.

the concert   콘서트는 8시 30분에 시작한다.

➡ The concert _____

더 써 보기

_____ starts ~

축제: festival
체육대회: sports day
벼룩시장: flea market

---

the class   수업은 8시 30분에 시작한다.

➡ _____
_____

_____ 8시 30분에 시작한다.

➡ _____
_____

I leave for school at 8. 나는 8시에 **학교**로 떠난다.

Europe 나는 8시에 유럽으로 떠난다.

➡ I leave for _____

더 써 보기

leave for _____
런던: London
공항: airport

work 나는 8시에 일하러 간다.

➡ _____

---

003 **I live near my school.** 나는 나의 학교 **근처에** 산다.

next to 나는 나의 학교 옆에 산다.

➡ I live _____

더 써 보기

live _____
도시, 나라: in
거리, 층수: at

close to 나는 나의 학교에 가깝게 산다.

➡ _____

추가 표현
Sentence
쓰기

01 나는 하루에 6개의 수업이 있다. (have ~ a day)

➡ _____

02 마지막 수업은 4시에 끝난다. (end at~)

➡ _____

28

아래 주어진 우리말을 참고하여 앞의 글을 그대로 따라 써 보세요.(앞의 글을 참조하여 자신만의 글을 써 봐도 좋아요.)

School Life

My school

I have

앞에 나온 본문 내용

나의 학교는 8시 30분에 시작한다.
나는 8시에 학교로 나간다. 나는 학교 근처에 산다.
그리고 나는 학교에 걸어서 간다.
나는 하루에 6개의 수업이 있다. 마지막 수업은 4시에 끝난다.
나는 대개 방과 후에 쉰다.
나는 금요일마다 수학 학원에 간다.

추가 문장들을 더 써 보세요

이동 수단을 더 말할 때
➡ go to school by bus(버스로 학교에 간다)
➡ ride a bike to school(자전거로 학교에 간다)

방과 후 일과를 더 말할 때
➡ take a piano lesson(피아노 수업을 받는다)
➡ walk my dog(개를 산책시킨다)

My Vacation

STEP 01 대표 글읽기

My family goes to Jeju Island every summer vacation.

We take a plane to Jeju Island.

It takes one hour to get to Jeju Island.

Then **we take** a taxi to my uncle's house.

We stay at my uncle's house. We travel around for a week.

There are many beaches to visit.

We have a fun week every summer.

우리 가족은 여름방학마다 제주도에 간다.

우리는 제주행 비행기를 탄다. 제주에 도착하는 데 1시간이 걸린다.

그리고 나서 우리는 삼촌 집까지 택시를 탄다.

우리는 삼촌 집에 머무른다. 우리는 일주일 동안 여행한다.

방문할 많은 해변들이 있다. 우리는 여름마다 즐거운 한 주를 보낸다.

단어체크

take a plane	☐ 비행하다 ☐ 비행기를 타다	take	☐ 걸리다 ☐ 가다
stay	☐ 떠나다 ☐ 머무르다	beach	☐ 바닷가 ☐ 골짜기

문장 연습 전에 대표 표현 확인하기

We take~ 우리는 ~을 탄다

'우리는 비행기를 탄다.' '우리는 택시를 탄다.'와 같이
탈 것을 말할 때 동사 take로 써 보세요.

핵심 문장 쓰기

001

We take a plane to Jeju Island .
우리는 **제주행 비행기를** 탄다.

a bus to school   우리는 학교로 가는 버스를 탄다.

➡ We take _____

a taxi to my uncle's house   우리는 삼촌 집까지 택시를 탄다.

➡ _____

우리는 _____ 탄다.

➡ _____

더 써 보기

take _____
지하철: subway
엘리베이터: elevator
놀이기구: ride

002

It takes one hour **to get to Jeju Island** .
제주에 도착하는 데 한 시간이 걸린다.

to walk there   거기에서 걷는 데 한 시간이 걸린다.

➡ It takes
_____

to do my homework   내 숙제를 하는 데 한 시간이 걸린다.

➡
_____

더 써 보기

take + 시간 + to
_____

기차로 여행하다
: travel by train

부산에서 서울까지 운전하다
: drive to Seoul from
  Busan

003

There are many **beaches** to visit.
방문할 많은 **해변들**이 있다.

places   방문할 많은 장소들이 있다.

➡ There are
_____

islands   방문할 많은 섬들이 있다.

➡
_____

더 써 보기

**There are _____
to visit**

웹사이트: website
마을: village

추가 표현
Sentence
쓰기

01 우리는 삼촌 집에 머무른다. (We stay~)
  ➡ _____

02 우리는 일주일 동안 여행한다. (We travel~)
  ➡ _____

STEP 03 스스로 글쓰기

아래 주어진 우리말을 참고하여 앞의 글을 그대로 따라 써 보세요. (앞의 글을 참조하여 자신만의 글을 써 봐도 좋아요.)

My Vacation

My family _____

_____

We take _____

_____

_____

_____

_____

_____

_____

_____

앞에 나온 본문 내용

우리 가족은 여름방학마다 제주도에 간다.
우리는 제주행 비행기를 탄다.
제주에 도착하는 데 1시간이 걸린다.
그러고 나서 우리는 삼촌 집까지 택시를 탄다.
우리는 삼촌 집에 머무른다. 우리는 일주일 동안 여행한다.
방문할 많은 해변들이 있다. 우리는 여름마다 즐거운 한 주를 보낸다.

추가 문장들을 더 써 보세요

탈것을 더 말할 때
➡ van(승합차) ferry(여객선)

장소를 더 말할 때
➡ mountain(산) lake(호수) forest(숲)

My Pet

QR코드

STEP 01 대표 글읽기

Buddy is my pet dog.

He loves to play with his ball.

He loves to run around the park.

He is fast and can run far!

When he's tired, **he loves to** sleep on the sofa.

Buddy **loves to** eat his treats.

He is very friendly and **loves to** make new friends.

Buddy always makes me happy.

버디는 나의 애완 개다. 그는 그의 공으로 노는 것을 좋아한다.

그는 공원에서 뛰어다니는 것을 좋아한다. 그는 빠르고 멀리 달릴 수 있다.

그는 피곤할 때, 그는 소파에서 자는 것을 좋아한다. 버디는 그의 간식을 먹는 것을 좋아한다.

그는 무척 친근하고 새 친구들을 사귀는 것을 좋아한다. 버디는 항상 나를 행복하게 만든다.

 단어체크

| pet | □애완동물 □야생동물 | tired | □활기찬 □피곤한 |
| run far | □멀리 달리다 □빨리 달리다 | treat | □식사 □간식 |

문장 연습 전에 대표 표현 확인하기

He loves to~ 그는 ~하는 것을 좋아한다

'그는 공놀이하는 것을 좋아한다.' '그는 공원에서 뛰어다니는 것을 좋아한다.'와 같이
좋아하는 행동을 표현할 때 동사 love to로 써 보세요.

핵심 문장 쓰기

001

He loves to play with his ball .
그는 **그의 공으로 노는** 것을 좋아한다.

run around the park 그는 공원에서 뛰어다니는 것을 좋아한다.

➡ He loves to _____

더 써 보기

love to + 동사
수영하다: swim
걷다: walk
노래하다: sing

eat his treats 그는 그의 간식을 먹는 것을 좋아한다.

➡ _____

그는 _____ (하는) 것을 좋아한다..

➡ _____

002

When he's **tired** , he loves to sleep on the sofa.
그는 **피곤할** 때, 그는 소파에서 자는 것을 좋아한다.

sleepy   그는 졸릴 때, 그는 소파에서 자는 것을 좋아한다.

➡ When he's _____

sad   그는 슬플 때, 그는 소파에서 자는 것을 좋아한다.

➡ _____

더 써 보기

When he's _____

한가한: free

집에: at home

003

Buddy makes me **happy** .
버디는 나를 **행복하게** 만든다.

excited   그는 나를 신나게 만든다.

➡ He makes me _____

better   그는 나를 더 좋게 만든다.

➡ _____

더 써 보기

makes me _____

살아 있는 느낌이다
: feel alive

좋은 느낌이다
: feel good

추가 표현
Sentence
쓰기

01 그는 빠르고 멀리 달릴 수 있다. (and can~)

➡ _____

02 그는 친근해서 새 친구들을 사귀는 것을 좋아한다. (and loves to~)

➡ _____

STEP 03 스스로 글쓰기

아래 주어진 우리말을 참고하여 앞의 글을 그대로 따라 써 보세요.(앞의 글을 참조하여 자신만의 글을 써 봐도 좋아요.)

My Pet

is my pet.

me happy.

앞에 나온 본문 내용

버디는 나의 애완 개다. 그는 그의 공으로 노는 것을 좋아한다.
그는 공원에서 뛰어다니는 것을 좋아한다. 그는 빠르고 멀리 달릴 수 있다.
그는 피곤할 때, 그는 소파에서 자는 것을 좋아한다.
버디는 그의 간식을 먹는 것을 좋아한다.
그는 무척 친근하고 새 친구들을 사귀는 것을 좋아한다.
버디는 항상 나를 행복하게 만든다.

추가 문장들을 더 써 보세요

애완동물을 더 말할 때

➡ lizard(도마뱀) hamster(햄스터) beetle(풍뎅이)
➡ goldfish(금붕어) snake(뱀)

I Enjoy Everything

STEP 01 대표 글읽기

I **enjoy** draw**ing**.

I like to draw pictures with crayons.

I'm good at making colorful shapes.

I also **enjoy** play**ing** with blocks.

I'm good at building tall towers.

I like picture books.

I love to read them with Mom and Dad.

These are my favorite hobbies.

I **enjoy** try**ing** new things and learn**ing** every day.

나는 그리는 것을 즐긴다. 나는 크레용으로 그림 그리는 것을 좋아한다.

나는 색채가 풍부한 모양들 만들기를 잘한다. 나는 또한 블록으로 노는 것을 즐긴다. 나는 높은 탑을 쌓는 것을 잘한다.

나는 그림책을 좋아한다. 나는 엄마와 아빠랑 그것들을 읽는 것을 좋아한다.

이것들은 내가 가장 좋아하는 취미들이다. 나는 매일 새로운 것을 시도하고 배우는 것을 즐긴다.

☑ **단어체크**

| draw | □ 그리다 □ 쓰다 | draw pictures | □ 그림을 팔다 □ 그림을 그리다 |
| shape | □ 모양 □ 색깔 | build | □ 쌓다 □ 무너뜨리다 |

문장 연습 전에 **대표 표현 확인하기**

I enjoy -ing~ 나는 ~하는 것을 즐긴다

'나는 그리는 것을 즐긴다.'와 같이 즐기는 것을 표현할 때
동사 enjoy 다음에 <동사 + ing>를 이용하여 문장을 써 보세요.

핵심 문장 쓰기

001 **I enjoy drawing .** 나는 **그리는 것을** 즐긴다.

play with blocks 나는 블록으로 노는 것을 즐긴다.

➡ I enjoy _____

더 써 보기

enjoy + 동사ing

퍼즐을 하다
: do puzzles

밖에서 놀다
: play outside

---

try new things and learn 나는 새로운 것을 시도하고 배우는 것을 즐긴다.

➡ _____

나는 _____ (하는) 것을 즐긴다.

➡ _____

002

I'm good at making colorful shapes .
나는 **색채가 풍부한 모양을 만드는 것을** 잘한다.

build tall towers   나는 높은 탑을 쌓는 것을 잘한다.

➡ I'm good at
_____

read fast   나는 빨리 읽는 것을 잘한다.

➡
_____

> **더 써 보기**
>
> **I'm good at**
> **+ 동사ing**
>
> 단어를 기억하다
> : remember words
>
> 빨리 달리다
> : run fast

003

I like to draw pictures with crayons .
나는 **크레용으로 그림 그리는** 것을 좋아한다.

hear stories   나는 이야기를 듣는 것을 좋아한다.

➡ I like to
_____

play soccer   나는 축구하는 것을 좋아한다.

➡
_____

> **더 써 보기**
>
> **like to + 동사**
>
> 동물들을 보다
> : see animals
>
> 춤추다
> : dance

추가 표현
Sentence
쓰기

01 이것들은 내가 가장 좋아하는 취미들이다. (These are my~)

➡ _____

02 나는 그림책들을 좋아한다. (I like~)

➡ _____

STEP 03 스스로 글쓰기

아래 주어진 우리말을 참고하여 앞의 글을 그대로 따라 써 보세요. (앞의 글을 참조하여 자신만의 글을 써 봐도 좋아요.)

I Enjoy Everything

I enjoy

every day.

앞에 나온 본문 내용

나는 그리는 것을 즐긴다. 나는 크레용으로 그림 그리는 것을 좋아한다.
나는 색채가 풍부한 모양 만들기를 잘한다.
나는 또한 블록으로 노는 것을 즐긴다. 나는 높은 탑을 쌓는 것을 잘한다.
나는 그림책을 좋아한다. 나는 엄마와 아빠랑 그것들을 읽는 것을 좋아한다.
이것들은 내가 가장 좋아하는 취미들이다.
나는 매일 새로운 것을 시도하고 배우는 것을 즐긴다.

추가 문장들을 더 써 보세요

취미를 더 말할 때

➡ cook(요리하다) bake(빵을 굽다)
➡ ride a bike(자전거를 타다)
➡ play board games(보드게임을 하다)

월 ⬜ 일 ⬜ ☆☆☆☆☆

My Favorite Food

QR코드

STEP 01 대표 글읽기

Pizza is my **favorite food**. It is an **Italian dish**.

It has **yummy cheese** on top.

Sometimes, my family makes pizza at home.

We put all the toppings on the pizza.

Then, we bake it in the oven.

Pizza is fun to eat and share. It makes me happy.

I always smile when I have a pizza party.

It is the **best time**.

피자는 내가 가장 좋아하는 음식이다. 그것은 이탈리아의 음식이다.

그것은 위에 맛있는 치즈가 있다. 때때로 나의 가족은 집에서 피자를 만든다.

우리는 피자에 모든 토핑을 넣는다. 그다음에 우리는 오븐에 그것을 굽는다.

피자는 먹기도 나누는 것도 재미있다. 그것이 나를 행복하게 만든다.

나는 항상 피자 파티를 할 때 웃는다. 그것은 가장 좋은 시간이다.

단어체크

yummy	⬜즐거운 ⬜맛있는	bake	⬜끓이다 ⬜굽다
fun	⬜바쁜 ⬜재미있는	share	⬜먹다 ⬜나누다

문장 연습 전에 대표 표현 확인하기

It is a(n) ~dish. 그것은 ~ 음식이다

'그것은 이탈리아의 음식이다.'와 같이 <형용사 + 명사>로 써서 명사를 수식하는 것을 표현할 때 형용사의 위치에 주의하며 써 보세요.

핵심 문장 쓰기

001   It is **an Italian dish .** 그것은 **이탈리아의 음식**이다.

yummy cheese   그것은 위에 맛있는 치즈가 있다.

➡ It has _____ on top.

the best time   그것은 가장 좋은 시간이다.

➡ _____

그것은 _____ 음식이다.

➡ _____

더 써 보기

<형용사 + 명사>

한국 음식
: a Korean dish

작은 도시
: a small town

큰 집
: a big house

Pizza is fun to eat and share.
피자는 먹는 것도 나누는 것도 재미있다.

kimchi   김치는 먹기도 나누는 것도 재미있다.

➡ _____ is fun

chicken   치킨은 먹기도 나누는 것도 재미있다.

➡ _____

더 써 보기

_____ is fun

점심 식사: lunch
샌드위치: sandwich

I always smile when I have **a pizza party**.
나는 내가 **피자 파티**를 할 때 항상 웃는다.

flowers   나는 내가 꽃을 가지고 있을 때 항상 웃는다.

➡ I always smile _____

free time 나는 내가 자유 시간이 있을 때 항상 웃는다.

➡ _____

더 써 보기

When I have

_____

간식
: snack

친구들과 재미있는 시간
: fun time with my
  friends

추가 표현
Sentence
쓰기

01 때때로 나의 가족은 집에서 피자를 만든다. (my family make~)

➡ _____

02 그다음에 우리는 오븐에 그것을 굽는다. (Then, we bake~)

➡ _____

아래 주어진 우리말을 참고하여 앞의 글을 그대로 따라 써 보세요.(앞의 글을 참조하여 자신만의 글을 써 봐도 좋아요.)

My Favorite Food

is my favorite food.

It is the best time.

앞에 나온 본문 내용

피자는 내가 가장 좋아하는 음식이다. 그것은 이탈리아의 음식이다.
그것은 위에 맛있는 치즈가 있다. 때때로 나의 가족은 집에서 피자를 만든다.
우리는 피자에 모든 토핑을 넣는다.
그다음에 우리는 오븐에 그것을 굽는다.
피자는 먹기도 나누는 것도 재미있다. 그것이 나를 행복하게 만든다.
나는 항상 피자 파티를 할 때 웃는다. 그것은 가장 좋은 시간이다.

추가 문장들을 더 써 보세요

음식을 더 말할 때

- tacos(타코) curry(카레) baguette(바케트빵)
- dumplings(만두) bulgogi(불고기)

Unit 10

My Favorite Star

Mickey Mouse is my favorite star.

Mickey has big, round ears and a big smile.

He wears red shorts, yellow shoes, and white gloves.

Mickey Mouse loves to go on adventures.

He has many friends like Minnie Mouse, Donald Duck, and Goofy.

He and his friends solve fun puzzles together.

I have Mickey Mouse toys and books.

I like to read Mickey Mouse stories. They are very exciting.

미키 마우스는 내가 가장 좋아하는 스타이다. 미키는 크고 둥근 귀와 커다란 미소를 가지고 있다.

그는 빨간 반바지와 노란 신발, 하얀 장갑을 끼고 있다. 미키 마우스는 모험하는 것을 좋아한다.

그는 미니 마우스, 도날드 덕, 그리고 구피와 같은 많은 친구들이 있다.

그와 그의 친구들은 함께 재미있는 퍼즐을 푼다. 나는 미키 마우스 장난감과 책이 있다.

나는 미키 마우스 이야기 읽는 것을 좋아한다. 그것들은 매우 흥미진진하다.

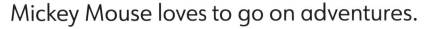

✓ 단어체크

shorts □바지 □반바지   adventure □여행 □모험
solve □해결하다 □만들다   exciting □지루한 □흥미진진한, 신난

문장 연습 전에 대표 표현 확인하기

> # He wears~   그는 ~을 입는다

'그는 반바지를 입는다.'와 같이 옷, 신발, 모자 등을 입고 쓴다는 의미일 때 동사 wear를 쓰는데 주어가 He, She, It 등일 때는 <동사 + (e)s>로 쓴다는 것에 주의하세요.

핵심 문장 쓰기

> **001**
> # He wears **red shorts** ,
> # **yellow shoes, and white gloves** .
> 그는 **빨간 반바지와 노란 신발, 하얀 장갑을** 끼고 있다.

glasses   그는 안경을 쓴다.

➡ He wears _____

his blue cap   그는 그의 파란 모자를 쓴다.

➡ _____

_____   그는 _____ 입는다.

➡ _____

더 써 보기
He wears _____
망토: a cape
반지: a ring
바지: pants

002

Mickey Mouse loves to go on an adventure .

미키 마우스는 **모험하는** 것을 좋아한다.

go on a picnic   그는 소풍 가는 것을 좋아한다.

➡ He loves to
_____

go on a tour   그는 여행하는 것을 좋아한다.

➡
_____

더 써 보기

go on _____

산책하러 가다
: go on a walk

여행하러 가다
: go on a trip

003

**He has many friends
like Minnie Mouse, Donald Duck, and Goofy .**

그는 **미니 마우스, 도날드 덕, 그리고 구피와 같은 많은 친구들**이 있다.

toys like Spider-man and Batman

그는 스파이더맨 그리고 배트맨과 같은 장난감이 있다.

➡ He has
_____

snacks like chips and apples   그는 칩과 사과와 같은 간식이 있다.

➡
_____

더 써 보기

has _____

개와 고양이 같은 애완동물
: pets like a dog
  and a cat

**추가 표현
Sentence
쓰기**

01 미키는 크고 둥근 귀와 큰 미소를 갖고 있다. (has big, round~)

➡ _____

02 그와 그의 친구들은 거기서 재미있는 퍼즐을 푼다. (solve fun puzzles)

➡ _____

48

아래 주어진 우리말을 참고하여 앞의 글을 그대로 따라 써 보세요.(앞의 글을 참조하여 자신만의 글을 써 봐도 좋아요.)

My Favorite Star

_____ is my favorite star.

_____

_____

_____

_____

_____

I have _____

_____

_____

앞에 나온 본문 내용

미키 마우스는 내가 가장 좋아하는 스타이다. 미키는 크고 둥근 귀와 커다란 미소를 갖고 있다. 그는 빨간 반바지와 노란 신발, 하얀 장갑을 끼고 있다. 미키 마우스는 모험하는 것을 좋아한다. 그는 미니 마우스, 도날드 덕, 그리고 구피와 같은 많은 친구들이 있다. 그와 그의 친구들은 함께 재미있는 퍼즐을 푼다. 나는 미키 마우스 장난감과 책이 있다.
나는 미키 마우스 이야기 읽는 것을 좋아한다. 그것들은 매우 흥미진진하다.

추가 문장들을 더 써 보세요

스타를 더 말할 때

- superhero(슈퍼히어로) Superman(슈퍼맨)
- movie star(무비스타/영화배우)
- soccer star(축구 스타) baseball star(농구 스타)

My Season

STEP 01 대표 글읽기

Summer is hot and sunny.

I **go** swimm**ing** every day.

I build sandcastles at the beach.

The waves are also fun to watch.

Summer is great for eating ice cream.

I like to eat ice cream cones with my family.

My favorite flavor is chocolate. It keeps me cool.

Summer is my favorite season because I can do fun things!

여름은 덥고 날씨가 좋다. 나는 매일 수영하러 간다.

나는 해변에서 모래성을 만든다. 파도를 보는 것도 재미있다.

여름은 아이스크림 먹기에 가장 좋다. 나는 나의 가족과 아이스크림콘 먹는 것을 좋아한다.

내가 가장 좋아하는 맛은 초콜릿이다. 그것은 나를 시원하게 해 준다.

여름은 내가 재미있는 것들을 할 수 있기 때문에 가장 좋아하는 계절이다!

 단어체크

sandcastle	□ 모래성 □ 벽돌성	wave	□ 파도 □ 계곡
cool	□ 시원한 □ 한가한	season	□ 날씨 □ 계절

문장 연습 전에 대표 표현 확인하기

> # I go -ing 　나는 ~하러 간다

'나는 수영하러 간다.'와 같이 <go + 동사ing>는 '~하러 간다'라는 것을 표현할 때 써요.
camp → camping, swim → swimming처럼 동사 다음에 ing 쓰는 것에 주의하세요.

핵심 문장 쓰기

> **001**　**I go swimming .** 나는 **수영하러** 간다.

camping 나는 캠핑하러 간다.

➡ I go _____

더 써 보기
go + 동사ing
쇼핑하러: shopping
하이킹하러: hiking
달리기하러: running

fishing 나는 낚시하러 간다.

➡ _____

　　　　　　나는 _____ 간다.

➡ _____

It keeps me **cool** .

그것은 나를 **시원하게** 해 준다.

warm　　그것은 나를 따뜻하게 해 준다.

➡ It keeps me _____

calm　　그것은 나를 침착하게 해 준다.

➡ _____

더 써 보기

keep me _____

건조한(안 젖은): dry
추운: cold

003

Summer is my favorite season because I can **do fun things** .

여름은 내가 **재미있는 것들을 할** 수 있기 때문에 가장 좋아하는 계절이다.

play outside　　여름은 내가 밖에서 놀 수 있기 때문에 가장 좋아하는 계절이다.

➡ Summer is _____

go to the beach　　여름은 내가 해변에 갈 수 있기 때문에 가장 좋아하는 계절이다.

➡ _____

더 써 보기

because I can

_____

아이스크림을 먹다
: eat ice cream

추가 표현 Sentence 쓰기

01 나는 해변가에서 모래성을 만든다. (build)

➡ _____

02 여름은 아이스크림을 먹기에 가장 좋다. (great for eating~)

➡ _____

아래 주어진 우리말을 참고하여 앞의 글을 그대로 따라 써 보세요.(앞의 글을 참조하여 자신만의 글을 써 봐도 좋아요.)

My Season

I go

because I

앞에 나온 본문 내용

여름은 덥고 날씨가 좋다. 나는 매일 수영하러 간다.
나는 해변에서 모래성을 만든다. 파도를 보는 것도 재미있다.
여름은 아이스크림 먹기에 가장 좋다. 나는 나의 가족과 아이스크림콘
먹는 것을 좋아한다. 내가 가장 좋아하는 맛은 초콜릿이다.
그것은 나를 시원하게 해 준다.
여름은 내가 재미있는 것들을 할 수 있기 때문에 가장 좋아하는 계절이다.

추가 문장들을 더 써 보세요

계절과 날씨를 더 말할 때

- spring(봄) warm(따뜻한) rainy(비 오는)
- fall(가을) cool(시원한, 서늘한)
- winter(겨울) cold(추운) snowy(눈 오는)

Clothes

STEP 01　대표 글읽기

We wear different clothes for different weather.

When it is hot and sunny,

I **put on** a T-shirt and shorts.

They keep me cool.

When it is cold, I **put on** a sweater and a coat.

I can stay warm outside with them.

When it rains, I **put on** a raincoat and rain boots.

They keep me dry. I also carry an umbrella.

And I jump in puddles.

우리는 다른 날씨에 다른 옷을 입는다. 덥고 맑을 때는 나는 티셔츠와 반바지를 입는다.

그것들은 나를 시원하게 해 준다. 추울 때는 스웨터와 코트를 입는다. 나는 그것들로 밖에서 따뜻하게 있을 수 있다.

비가 올 때 나는 비옷과 장화를 신는다. 그것들은 나를 젖지 않게 해 준다.

나는 또한 우산을 가져간다. 그리고 나는 웅덩이에서 점프한다.

 단어체크

| different | □다른 □같은 | clothes | □코트 □옷 |
| put on | □벗다 □입다 | puddle | □웅덩이 □연못 |

54

문장 연습 전에 대표 표현 확인하기 ✦

I put on~   나는 ~을 입는다

'나는 하얀 옷을 입는다.'와 같이 옷, 신발 등을 입고 쓰는 것은
동사 wear와 함께 put on을 써서 표현해요.

핵심 문장 쓰기 ✦

001

When it is hot and sunny,
I put on **white clothes**.
덥고 맑을 때 나는 **하얀 옷**을 입는다.

a T-shirt   덥고 맑을 때 나는 티셔츠를 입는다.

➡ When it is _____

shorts   덥고 맑을 때 나는 반바지를 입는다.

➡ _____

더 써 보기

put on _____
모자: hat
샌들: sandals
선크림: sunscreen

나는 _____ 입는다.

➡ _____

002

I also carry **an umbrella** .

나는 또한 **우산**을 가져간다.

my lunchbox   나는 또한 내 도시락을 가져간다.

➡ I also carry _____

my dog   나는 또한 내 개를 데려(가져)간다.

➡ _____

더 써 보기
carry _____
책: book
아이: child

I can stay **warm** outside with them.

나는 그것들로 밖에서 **따뜻하**게 있을 수 있다.

cool   나는 그것들로 밖에서 시원하게 있을 수 있다.

➡ I can stay _____

safe   나는 그것들로 밖에서 안전하게 있을 수 있다.

➡ _____

더 써 보기
stay _____
건강한: healthy
차분한: calm

추가 표현
Sentence
쓰기

01 우리는 다른 날씨에 다른 옷을 입는다. (wear)

➡ We _____ for different weather.

02 그것들은 나를 젖지 않게 해 준다. (keep, dry)

➡ They _____

56

아래 주어진 우리말을 참고하여 앞의 글을 그대로 따라 써 보세요.(앞의 글을 참조하여 자신만의 글을 써 봐도 좋아요.)

Clothes

We wear different clothes for different

weather.

And I

추가 문장들을 더 써 보세요

날씨와 옷차림을 더 말할 때

- cloudy(흐린) windy(바람이 많이 부는)
- dress(드레스) jeans(청바지) gloves(장갑)

Good Table Manners

STEP 01 대표 글읽기

Joy is a nice girl.

Before she eats, she washes her hands.

She sets the table and waits for meals.

When she eats, she uses chopsticks.

She chews slowly and tries to eat a little bit of everything.

After she eats, she says thank you for the meal.

She clears the table and washes the dishes.

What a nice girl!

조이는 좋은 여자아이다. 그녀는 먹기 전에, 그녀는 그녀의 손을 씻는다.

그녀는 식탁을 차리고 음식을 기다린다. 그녀는 먹을 때 젓가락을 사용한다.

그녀는 천천히 씹고 모든 것을 조금씩 먹어 본다. 그녀는 먹은 후에, 그녀는 음식에 대해 고맙다고 이야기한다.

그녀는 식탁을 치우고 설거지를 한다. 정말 착한 아이다!

✔️ **단어체크**

chopsticks	☐ 숟가락 ☐ 젓가락	chew	☐ 삼키다 ☐ 씹다
clear	☐ 치우다 ☐ 차리다	try	☐ 정리하다 ☐ 해 보다(시도하다)

문장 연습 전에 **대표 표현 확인하기**

Before she eats,~ 그녀는 먹기 전에,~

Before, After, When이 문장 앞에 오고 의미상 '~하기 전에, ~한 후에, ~할 때'로 쓰면
뒤에 <주어 + 동사>의 문장이 따라오는 것에 주의하세요.

핵심 문장 쓰기

001 ## Before she eats, she washes her hands .
그녀는 먹기 전에, **그녀는 그녀의 손을 씻는다**.

she waits for meals 그녀는 먹기 전에, 그녀는 음식을 기다린다.

➡ Before she eats,
_____

she sets the table 그녀는 먹기 전에, 그녀는 식탁을 차린다.

➡
_____

그녀는 먹기 전에, _____한다.

➡
_____

더 써 보기

Before she eats,
_____

그녀는 물을 마신다
: she drinks water

그녀는 주스를 좀 가지고 온다
: she brings
 some juice

그녀는 냅킨을
그녀의 무릎에 놓는다
: she places a napkin
 on her lap

002

After she eats, she says thank you for the meal .

그녀는 먹고 난 후에, **그녀는 음식에 대해 고맙다고 이야기한다.**

she clears the table   그녀는 먹고 난 후에, 그녀는 식탁을 치운다.

➡ After she eats,
_____

she washes the dishes   그녀는 먹고 난 후에, 그녀는 설거지를 한다.

➡
_____

더 써 보기

After she eats,
_____

그녀는 식탁을 떠난다
: she leaves
  the table

003

What **a nice girl !** 정말 **착한 아이**다!

a good boy   정말 좋은 남자아이다!

➡ What
_____

a great student   정말 훌륭한 학생이다!

➡
_____

더 써 보기

What _____
감탄하는 문장을 만들 때

귀여운 고양이
: a cute cat

낡은 집
: an old house

추가 표현
Sentence
쓰기

01 조이는 착한 여자아이다. (a nice girl)

➡ _____

02 그녀는 모든 것을 조금씩 먹어 본다. (a little bit of everything)

➡ _____

아래 주어진 우리말을 참고하여 앞의 글을 그대로 따라 써 보세요.(앞의 글을 참조하여 자신만의 글을 써 봐도 좋아요.)

Good Table Manners

is

What

앞에 나온 본문 내용

조이는 좋은 여자아이다. 그녀는 먹기 전에, 그녀는 그녀의 손을 씻는다.
그녀는 식탁을 차리고 음식을 기다린다. 그녀는 먹을 때 젓가락을 사용한다.
그녀는 천천히 씹고 모든 것을 조금씩 먹어 본다.
그녀는 먹은 후에, 그녀는 음식에 대해 고맙다고 이야기한다.
그녀는 식탁을 치우고 설거지를 한다. 정말 착한 아이다!

추가 문장들을 더 써 보세요

식사 예절을 더 말할 때

- not use hands(손을 사용하지 않는다)
- not make a mess(엉망으로 만들지 않는다)

My Neighborhood

My neighborhood is a good place.

It has **lots of** fun things to do!

There is a big park with swings and slides.

I can play with my friends there.

We also have nice sidewalks and places to ride a bike.

Sometimes, we visit the library.

We read books and listen to stories.

There are friendly neighbors. They always say hello each other.

I love living in my neighborhood!

나의 동네는 좋은 곳이다. 그곳은 할 만한 재미있는 것들이 많다!

그네와 미끄럼틀이 있는 큰 공원이 있다. 나는 거기서 내 친구들과 논다.

우리는 또한 멋진 보도와 자전거를 탈 장소들이 있다. 때때로 우리는 도서관에 방문한다. 우리는 책을 읽고 이야기를 듣는다.

친근한 이웃들이 있다. 그들은 항상 서로 인사한다. 나는 나의 동네에서 사는 것을 사랑한다!

 단어체크

sidewalk	☐차도 ☐보도(인도)	visit	☐방문하다 ☐다녀가다	place ☐장소 ☐거리
neighbor	☐이웃 ☐동창	each other	☐서로　☐따로	

문장 연습 전에 대표 표현 확인하기

It has lots of~ 그것은 많은 ~이 있다

많은 양이나 수를 나타낼 때 a lot of나 lots of를 써서 lots of things처럼 표현해요.

핵심 문장 쓰기

001

It has lots of **fun things to do** .
그곳은 **할 만한 재미있는 것들**이 많다.

fun places to play   그곳은 놀 만한 재미있는 곳들이 많다.

➡ It has _____

food to eat   그곳은 먹을 만한 음식들이 많다.

➡ _____

더 써 보기
lots of _____
갈 만한 가게 : shops to go
해야 할 숙제 : homeworks to do

그곳은 _____ 많다.

➡ _____

We visit **the library** . 우리는 **도서관**에 방문한다.

my grandma   우리는 할머니 집에 방문한다.

➡ We visit

_____

the doctor   우리는 의사를 방문한다.

➡

_____

더 써 보기

visit _____

농장: the farm

친구: a friend

I love **living in my neighborhood** .
나는 **나의 동네에서 사는 것**을 사랑한다.

take a walk   나는 산책하는 것을 사랑한다. (* take - taking)

➡ I love

_____

listen to music   나는 음악 듣는 것을 사랑한다.

➡

_____

더 써 보기

love + 동사ing

자전거를 타다
: ride a bike

책을 읽다
: read books

추가 표현
Sentence
쓰기

01 나의 동네는 좋은 곳이다. (a good place)

➡ _____

02 친근한 이웃들이 있다. (friendly neighbors)

➡ _____

STEP 03 스스로 글쓰기

아래 주어진 우리말을 참고하여 앞의 글을 그대로 따라 써 보세요.(앞의 글을 참조하여 자신만의 글을 써 봐도 좋아요.)

My Neighborhood

My neighborhood is

I love

앞에 나온 본문 내용

나의 동네는 좋은 곳이다. 그곳은 할 만한 재미있는 것들이 많다.
그네와 미끄럼틀이 있는 큰 공원이 있다. 나는 거기서 내 친구들과 논다.
우리는 또한 멋진 보도가 있어 자전거를 탄다.
때때로 우리는 도서관에 방문한다. 우리는 책을 읽고 이야기를 듣는다.
친근한 이웃들이 있다. 그들은 항상 서로 인사한다.
나는 나의 동네에서 사는 것을 사랑한다.

추가 문장들을 더 써 보세요

동네를 더 말할 때
- playground(놀이터) bakery(빵집) gym(체육관)
- police station(경찰서)
- bus stop(버스 정류장) hospital(병원)

My Hero

QR코드

STEP 01 대표 글읽기

My funny hero is my dad.

Dad is very special to me.

Dad makes me laugh every day.

Dad loves to tell jokes.

"Why did the bicycle fall over? Because it was two-tired!"

I laugh every time he tells this joke.

Dad makes me happy and **makes me** laugh.

He gives me a warm smile and love.

나의 재미난 영웅은 아빠이다. 아빠는 나에게 무척 특별하다.

아빠는 매일 나를 웃게 해 준다. 아빠는 농담하는 것을 좋아한다.

"왜 자전거가 넘어졌을까? 너무 피곤해서지!(too tired - two tires)"

나는 그가 농담을 할 때마다 웃는다. 아빠는 나를 행복하게 하고 나를 웃게 만든다.

그는 나에게 따뜻한 웃음과 사랑을 준다.

 단어체크

hero	□부모 □영웅	special	□특별한 □평범한	warm	□따뜻한 □즐거운
joke	□농담 □이야기	laugh	□웃다 □울다		

문장 연습 전에 대표 표현 확인하기 ✦

> # Dad makes me~ 아빠는 나를 ~하게 만든다

make 다음에 다른 동사를 써서 '~를 ··하게 만든다'라는 의미로 표현하고
<make + 사람 + 동사>의 순으로 make 문장을 써 보세요.

핵심 문장 쓰기 ✦

001

> ## Dad makes me **laugh** .
> 아빠는 나를 **웃게** 만든다.

clean the room   아빠는 나를 방을 청소하게 만든다.

➡ Dad makes me _____

go there   아빠는 나를 거기에 가게 만든다.

➡ _____

아빠는 나를 _____ 만든다.

➡ _____

> **더 써 보기**
>
> **make me _____**
>
> 기분이 나아지다
> : feel better
>
> 미소 짓다
> : smile

I laugh every time he **tells this joke** .
아빠가 **이 농담을 할** 때마다 나는 웃는다.

makes funny voices　　나는 그가 웃긴 목소리를 할 때마다 웃는다.

➡ I laugh _____

makes a funny face　　나는 그가 웃긴 얼굴을 할 때마다 웃는다.

➡ _____

> **더 써 보기** 🔖
>
> **every time** 다음에 <주어 + 동사>가 오면 '~할 때마다'라고 해석해요.

He gives me **warm smile and love** .
그는 나에게 **따뜻한 미소와 사랑**을 준다.

a hug　　그는 나에게 포옹을 해 준다.

➡ He gives me _____

a popsicle　　그는 나에게 막대 아이스크림을 준다.

➡ _____

> **더 써 보기** 🔖
>
> 동사 **give** 다음에 <사람 + 물건>이 오면 '사람에게 물건을 준다'라고 해석해요.

추가 표현 Sentence 쓰기

01 아빠는 나에게 너무 특별하다. (very special to me)

➡ _____

02 아빠는 농담을 말하는 것을 좋아한다. (love to tell)

➡ _____

아래 주어진 우리말을 참고하여 앞의 글을 그대로 따라 써 보세요. (앞의 글을 참조하여 자신만의 글을 써 봐도 좋아요.)

Hero

My funny hero is

love.

앞에 나온 본문 내용

나의 재미난 영웅은 아빠이다. 아빠는 나에게 무척 특별하다.
아빠는 매일 나를 웃게 해 준다. 아빠는 농담하는 것을 좋아한다.
"왜 자전거가 넘어졌을까? 너무 피곤해서지(too tired - two tires)."
나는 그가 농담을 할 때마다 웃는다.
아빠는 나를 행복하게 하고 나를 웃게 만든다.
그는 나에게 따뜻한 웃음과 사랑을 준다.

추가 문장들을 더 써 보세요

가족이 하는 것을 더 말할 때

➡ make pancakes(팬케이크를 만들다)
➡ take care of(돌보다)
➡ have much fun together(함께 즐겁게 보내다)

My Sandwich

STEP 01 대표 글읽기

Let's make a sandwich today.
First, **get** two slices of bread.
Next, **spread** butter on the bread.
Then, **add** a slice of cheese.
And **put** tomatoes and lettuce.
After that, **add** bread on top.

Now, **press** it down a little.
Cut the sandwich into small pieces.
Finally, it's ready to eat! **Enjoy** a yummy sandwich!

오늘 샌드위치를 만들자. 먼저, 두 장의 빵을 가져와라.

다음, 빵에 버터를 발라라. 그다음에. 치즈 한 장을 더해라.

그리고 토마토와 상추를 넣어라. 그런 후에, 빵을 위에 더해라. 이제, 그것을 조금 눌러라.

샌드위치를 작은 조각으로 잘라라. 드디어 먹을 준비가 되었다! 맛있는 샌드위치를 즐겨라!

 단어체크

slice	☐한 개 ☐조각	spread	☐바르다 ☐모으다
add	☐놓다 ☐더하다	press	☐누르다 ☐자르다

문장 연습 전에 대표 표현 확인하기

First, get~   먼저, ~가져와라

문장 앞에 누가라는 주어가 없고 동사로 시작하는 문장을 명령문이라고 해요.
Open the door.(문을 열어라.)처럼 의미는 '~해라'는 동사로 문장을 표현해요.

핵심 문장 쓰기

001

First, get two slices of bread .
먼저, **두 장의 빵을 가져와라.**

spread butter on the bread   먼저, 빵에 버터를 발라라.

➡ First, _____

더 써 보기

명령문

공원에 가라.
: Go to the park.

네 숙제를 해라.
: Do your homework.

---

make a sandwich   먼저, 샌드위치를 만들어라.

➡ _____

먼저, _____ 해라.

➡ _____

Then, add a slice of **cheese** .

그다음에, **치즈** 한 조각을 더해라.

tomato 그다음에, 토마토 한 조각을 더해라.

➡ Then, _____

bread 그다음에, 빵 한 조각을 더해라.

➡ _____

더 써 보기

a slice of _____

케이크: cake
양파: onion

Finally , it's ready to eat.

드디어 먹을 준비가 되었다.

First 먼저, 샌드위치를 만들어라.

➡ _____, make a sandwich.

Then 그다음에, 치즈 한 조각을 더해라.

➡ _____

더 써 보기

일의 순서

먼저: First
다음: Next
그다음에: Then
드디어(마지막): Finally

**추가 표현
Sentence
쓰기**

01 오늘 샌드위치를 만들자. (Let's make~)

➡ _____

02 맛있는 샌드위치를 즐겨라. (Enjoy~)

➡ _____

STEP 03 스스로 글쓰기

아래 주어진 우리말을 참고하여 앞의 글을 그대로 따라 써 보세요.(앞의 글을 참조하여 자신만의 글을 써 봐도 좋아요.)

My Sandwich

Let's

sandwich!

앞에 나온 본문 내용

오늘 샌드위치를 만들자. 먼저, 두 장의 빵을 가져와라.
다음, 빵에 버터를 발라라. 그다음에, 치즈 한 장을 더해라.
그리고 토마토와 상추를 넣어라. 그런 후에, 빵을 위에 더해라.
이제, 그것을 조금 눌러라. 샌드위치를 작은 조각으로 잘라라.
드디어 먹을 준비가 되었다. 맛있는 샌드위치를 즐겨라!

추가 문장들을 더 써 보세요

요리에 쓰는 표현을 더 말할 때

➡ boil(끓이다) mix(섞다) fry(튀기다)
➡ chop(자르다) pour(붓다) taste(맛보다)

Christmas is a special day.

It's time to come together with family and friends.

We decorate a big tree with lights.

On Christmas Eve, we hang up stockings.

We hope to get gifts.

In the morning, I'm excited to open presents.

Christmas is also about giving.

I make cards and share joy with others.

It's a joyful and magical holiday!

크리스마스는 특별한 날이다. 가족들과 친구들이 함께할 시간이다.

우리는 조명으로 큰 나무를 꾸민다. 크리스마스이브에 우리는 양말을 건다.

우리는 선물을 받기를 바란다. 아침에 나는 선물을 열어 볼 생각에 신난다. 크리스마스는 또한 주는 것이다.

나는 카드를 만들고 다른 사람들과 기쁨을 나눈다. 즐겁고 마법 같은 휴일이다!

✓ 단어체크

decorate	☐ 꾸미다 ☐ 청소하다	special ☐ 보통 ☐ 특별한
hang up	☐ 쓰다 ☐ 걸다	share ☐ 나누다 ☐ 자르다

문장 연습 전에 대표 표현 확인하기

It's time to~ ~할 시간이다

It's time to~ 는 ' ~할 시간이다'라는 의미로 to 다음에 동사가 오며 종종
It's time for lunch.(점심 시간이다.)처럼 for를 쓰기도 해요.
다만 for 다음에는 breakfast(아침), dinner(저녁), school(학교), bed(침대)처럼 명사가 와요.

핵심 문장 쓰기

It's time to

001

come together with family and friends .
가족들과 친구들이 함께할 시간이다.

sing Christmas songs   크리스마스 노래할 시간이다.

➡ It's time to _____

bake cookies   쿠키 구울 시간이다.

➡ _____

_____ 시간이다.

➡ _____

더 써 보기

It's time to _____

밖에서 놀다
: play outside

눈사람을 만들다
: make a snowman

002

On Christmas Eve, we **hang up stockings** .
크리스마스이브에 우리는 **양말을 건다**.

make cards   크리스마스이브에 우리는 카드를 만든다.

➡ On Christmas Eve,

decorate a big tree with lights   크리스마스이브에 우리는 조명으로 큰 나무를 꾸민다.

➡

더 써 보기

on _____
할로윈: Halloween
추석: Chuseok
내 생일: my birthday

Christmas is also about **giving** .
크리스마스는 또한 **주는 것**이다.

share joy with others   크리스마스는 또한 다른이와 기쁨을 나누는 것이다. (*share - sharing)

➡ Christmas is

love family   크리스마스는 또한 가족을 사랑하는 것이다. (*love - loving)

➡

더 써 보기

about + 동사ing

선물을 주는 것
: giving presents

다른 사람들을 돌보는 것
: caring for others

**추가 표현
Sentence
쓰기**

01 크리스마스는 특별한 날이다. (a special day)

➡

02 아침에 나는 선물을 열어 볼 생각에 신난다. (excited to open)

➡

아래 주어진 우리말을 참고하여 앞의 글을 그대로 따라 써 보세요. (앞의 글을 참조하여 자신만의 글을 써 봐도 좋아요.)

Holiday

Christmas is

holiday!

앞에 나온 본문 내용

크리스마스는 특별한 날이다. 가족들과 친구들이 함께할 시간이다.
우리는 조명으로 큰 나무를 꾸민다.
크리스마스이브에 우리는 양말을 건다. 우리는 선물을 받기를 바란다.
아침에 나는 선물을 열어 볼 생각에 신난다. 크리스마스는 또한 주는 것이다.
나는 카드를 만들고 다른 사람들과 기쁨을 나눈다.
즐겁고 마법 같은 휴일이다!

추가 문장들을 더 써 보세요

크리스마스에 쓰는 표현을 더 말할 때

- Santa comes and gives presents.
  (산타가 와서 선물을 준다.)

- Christmas is a time for joy.
  (크리스마스는 기쁨의 시간이다.)

My Feelings

My feelings change every day.

When I'm happy, I smile and laugh.

I feel happy when I am playing soccer.

I feel sad when something goes wrong.

When I'm sad, I want to be alone.

Sadness is a part of life.

Sometimes, I'm angry.

I feel angry when someone hurts my feelings.

When I'm mad, I try to take deep breaths. And then I feel better.

내 감정들은 매일 바뀐다. 내가 행복할 때 나는 미소 짓고 웃는다.

내가 축구하고 있을 때 나는 행복하다. 무엇이 잘못되면 나는 슬프다. 나는 슬플 때 혼자 있고 싶다.

때때로 나는 화가 난다. 누군가 나의 감정을 상하게 할 때 나는 화가 난다.

화가 날 때 나는 숨을 쉬려고 한다. 그런 후에 나는 기분이 나아진다.

 단어체크

feeling	☐감정 ☐조각	change	☐바르다 ☐바꾸다
go wrong	☐잘 되다 ☐잘못 되다	hurt	☐다치다 ☐낫다

문장 연습 전에 대표 표현 확인하기

When I'm~　내가 ~할 때

문장 앞에 <When 주어 + 동사>가 오면 '~할 때'라는 의미로
바로 뒤에 <주어 + 동사> 문장이 따라오는 것에 주의하세요.

핵심 문장 쓰기

001

When I'm **happy, I smile and laugh** .
내가 **행복**할 때 **나는 미소 짓고 웃는다**.

sad, I want to be alone　　내가 슬플 때 나는 혼자 있고 싶다.

➡ When I'm _____

angry, I try to take deep breaths

내가 화가 날 때 나는 숨을 깊게 쉬려고 한다.

➡ _____

나는 _____ 할 때 _____ 한다.

➡ _____

Sadness is a part of life.
슬픔은 삶의 일부이다.

happiness   기쁨은 삶의 일부이다. (*happy - happiness)

➡ _____ is a part of life.

madness   화는 삶의 일부이다. (*mad - madness)

➡ _____

더 써 보기

-ness 단어들

sick – sickness
(아픈) – (아픔)

kind – kindness
(친절한) – (친절함)

I try to take deep breaths.
나는 숨을 깊게 쉬려고 한다.

want to   나는 숨을 깊게 쉬기를 원한다.

➡ |_____

like to   나는 숨을 깊게 쉬는 것을 좋아한다.

➡ _____

더 써 보기

try to + 동사
: ~하려고 노력하다

want to + 동사
: ~하기를 원하다

like to + 동사
: ~하기를 좋아하다

추가 표현
Sentence
쓰기

01 내 감정들은 매일 바뀐다. (change every day)

➡ _____

02 누군가 나의 감정을 상하게 할 때 나는 화가 난다. (hurt)

➡ I feel angry when _____

80

아래 주어진 우리말을 참고하여 앞의 글을 그대로 따라 써 보세요.(앞의 글을 참조하여 자신만의 글을 써 봐도 좋아요.)

My Feelings

Let's

sandwich!

앞에 나온 본문 내용

내 감정들은 매일 바뀐다. 내가 행복할 때 나는 미소 짓고 웃는다.
내가 축구하고 있을 때 나는 행복하다. 무엇이 잘못되면 나는 슬프다. 나는
슬플 때 나는 혼자 있고 싶다. 슬픔은 삶의 일부이다.
때때로 나는 화가 난다. 누군가 나의 감정을 상하게 할 때 나는 화가 난다.
나는 화가 날 때 나는 숨을 깊게 쉬려고 한다.
그런 후에 나는 기분이 나아진다.

추가 문장들을 더 써 보세요

감정을 더 말할 때
➡ shy(수줍은) sleepy(졸린) scared(무서운)
➡ surprised(놀란) tired(피곤한) excited(신난)

Dream Jobs

QR코드

STEP 01   대표 글읽기

Everyone has different dreams. Some kids **want to be** artists.
They like to create beautiful drawings and crafts.

Some kids **want to be** astronauts. They like to learn about space.
They will travel to other planets.

My dream job is to be a musician.
I like to sing and write songs.
I'm good at playing the guitar.
I hope we all have our dream jobs in the future.

모든 사람들은 다른 꿈이 있다. 어떤 아이들은 예술가가 되고 싶어 한다.

그들은 아름다운 그림과 공예품을 만드는 것을 좋아한다. 어떤 아이들은 우주 비행사가 되고 싶어 한다.

그들은 우주에 대해 배우는 것을 좋아한다. 그들은 다른 행성으로 여행할 것이다.

내 꿈의 직업은 음악가이다. 나는 노래하고 노래를 쓰는 것을 좋아한다.

나는 기타를 잘 친다. 미래에는 우리 모두가 우리의 꿈의 직업을 가지고 있기를 바란다.

 단어체크

artist	□예술가 □음악가	create	□그리다 □만들다	other	□다른 □비슷한
musician	□예술가 □음악가	astronaut	□우주 □우주 비행사		

문장 연습 전에 대표 표현 확인하기

Some kids want to be~
어떤 아이들은 ~되고 싶어 한다

되고 싶은 것을 말할 때 <want to be~> 다음에 직업을 나타내는 말을 넣어 쓰면
앞으로 하고 싶은 일을 표현하는 문장이 되어요.

핵심 문장 쓰기

001

Some kids want to be **artists** .
어떤 아이들은 **예술가**가 되고 싶어 한다.

astronauts 어떤 아이들은 우주 비행사가 되고 싶어 한다.

➡ Some kids _____

firefighters 어떤 아이들은 소방관이 되고 싶어 한다.

➡ _____

나는 ____ 되고 싶다.

➡ _____

더 써 보기

want to be ____
요리사: chef
수의사: vet

My dream job is to be **a musician** .
내 꿈의 직업은 **음악가**이다.

an actor　　내 꿈의 직업은 배우이다.

➡ My dream job _____

a scientist　　내 꿈의 직업은 과학자이다.

➡ _____

더 써보기

is to be _____

파일럿: pilot

작가: writer

댄서: dancer

I hope we all **have our dream jobs** in the future.
나는 미래에는 우리 모두가 **우리의 꿈의 직업을 가지고 있기**를 바란다.

travel the world　　나는 미래에는 우리 모두가 세계를 여행하기를 바란다.

➡ I hope we all _____

make new friends　　나는 미래에는 우리 모두가 새 친구를 만들기를 바란다.

➡ _____

더 써보기

I hope we all _____

다른 사람을 돕다
: help others

행복해지다
: can be happy

추가 표현
Sentence
쓰기

01 모든 사람들은 다른 꿈이 있다. (different dreams)

➡ _____

02 그들은 우주에 대해 배우는 것을 좋아한다. (like to learn)

➡ _____

아래 주어진 우리말을 참고하여 앞의 글을 그대로 따라 써 보세요.(앞의 글을 참조하여 자신만의 글을 써 봐도 좋아요.)

Dream Jobs

Everyone

in the future.

앞에 나온 본문 내용

모든 사람들은 다른 꿈이 있다. 어떤 아이들은 예술가가 되고 싶어 한다.
그들은 아름다운 그림과 공예품을 만드는 것을 좋아한다.
어떤 아이들은 우주 비행사가 되고 싶어 한다. 그들은 우주에 대해 배우는
것을 좋아한다. 그들은 다른 행성으로 여행할 것이다. 내 꿈의 직업은 음악
가이다. 나는 노래하고 노래를 쓰는 것을 좋아한다. 나는 기타를 잘 친다.
미래에는 우리 모두가 우리의 꿈의 직업을 가지고 있기를 바란다.

추가 문장들을 더 써 보세요

좋아하는 것 <like(s) to>를 더 말할 때
- cook for others (남들을 위해 요리하다)
- write stories (이야기를 쓰다)
- take care of animals (동물들을 돌보다)

Unit 20
Sports Day

QR코드

STEP 01 대표 글읽기

Dear classmates, I am excited about our Sports Day!

We **will have** fun together. We **will get** ready for the games.

I know we **will try** our best in the games.

During lunchtime,

we **will share** snacks and drinks.

At the end, there **will be** medals for

the winners.

I hope we **will win** some!

And I hope it **will be** sunny tomorrow.

학급 여러분에게, 나는 우리의 체육대회를 기대하고 있어! 우리는 함께 즐거운 시간을 보낼 거야.

우리는 모든 경기를 준비할 거야. 나는 우리가 경기에서 최선을 다할 거라는 것을 안다.

점심시간에 우리는 간식과 음료수를 나눌 거야. 마지막에는 우승자에게 메달이 있을 거야.

나는 우리가 몇 개를 얻기를 바라! 그리고 내일 날씨가 맑기를 바라.

 단어체크

get ready for	□ ~를 하다 □ ~를 준비하다	game	□ 경기 □ 달리기
end	□ 끝 □ 시작	winner	□ 패배자 □ 우승자

문장 연습 전에 대표 표현 확인하기

> **I know we will~** 나는 ~할 거라는 것을 안다

I know we will~은 '~라고 생각한다'라는 의미로 will이 앞으로 할 일을 나타내는 조동사예요.
<will + 동사>의 형태로 문장을 만들어요.

핵심 문장 쓰기

001 **I know we will** **try our best in the games** .
나는 우리가 **경기에서 최선을 다할** 거라는 것을 안다.

have fun together   나는 우리가 함께 즐거운 시간을 보낼 거라는 것을 안다.

➡ I know we will _____

get ready for the games   나는 우리가 게임을 준비할 거라는 것을 안다.

➡ _____

나는 우리가 _____ 것을 안다.

➡ _____

> **더 써 보기**
>
> **I know we will**
> _____
> 훌륭한 팀을 만들다
> : make a great team
> 서로 돕다
> : help each other

At the end, there will be **medals** for the winners.
마지막에는 우승자에게 **메달**이 있을 거야.

gold medals　　마지막에는 우승자에게 금메달이 있을 거야.

➡ At the end, _____

awards　　마지막에는 우승자에게 상이 있을 거야.

➡ _____

더 써 보기

there will be

_____

케이크: cake
큰 시험: a big exam

I hope **we will win some** .
나는 **우리가 몇 개를 얻기**를 바라.

it will be sunny　　나는 날씨가 맑기를 바라.

➡ I hope _____

we will share snacks　　나는 우리가 간식을 나누기를 바라.

➡ _____

더 써 보기

I hope we will

_____

괜찮다
: be OK

선물을 받다
: get presents

추가 표현
Sentence
쓰기

01 나는 우리의 체육대회를 기대하고 있어. (excited about~)

➡ _____

02 점심시간에 우리는 간식과 음료수를 나눌 거야. (share)

➡ During the lunchtime, _____

아래 주어진 우리말을 참고하여 앞의 글을 그대로 따라 써 보세요. (앞의 글을 참조하여 자신만의 글을 써 봐도 좋아요.)

Sports Day

Dear

tomorrow.

앞에 나온 본문 내용

학급 여러분에게, 나는 우리의 체육대회를 기대하고 있어.
우리는 함께 즐거운 시간을 보낼 거야. 우리는 모든 경기를 준비할 거야.
나는 우리가 경기에서 최선을 다할 거라는 것을 안다.
점심시간에 우리는 간식과 음료수를 나눌 거야.
마지막에는 우승자에게 메달이 있을 거야.
나는 우리가 몇 개를 얻기를 바라. 그리고 내일 날씨가 맑기를 바라.

추가 문장들을 더 써 보세요

학교 행사에 대해 더 말할 때
- field trip(수학여행) club festival(동아리 축제)
- book fair(도서 박람회)
- school market(학교 벼룩시장)
- dance contest(댄스 대회)

MEMO

Unit 01

Hello!   Sujin.

                                         .

I   Sujung Elementary School.

I'm   .

I'm   .

I'm   .

I like to play soccer.

Unit 02

There are four people in my family.

I   .

                          .

My dad is   .

                                    .

My mom   .

                          .

I love my family.

Unit 03

What is in your bag?

There is   .

It is small and blue.

There   .

Rabbit head caps are on the pencils.

They are cute.

                                    and notebooks.

                                    .

Unit 04

Matt is my best friend.

We love to have fun.

We   every day.

On a slide, we   .

On a merry-go-round, we   .

And we play   .

We   .

We   .

Unit 05

My school   8:30.

I   at 8 o'clock.

I   .

And I walk to school.

I have 6 classes a day.

                                   4.

I usually   after school.

I go to a math academy on Fridays.

Unit 06

My family goes to Jeju Island every summer vacation.

We   Jeju Island.

It   to get to Jeju Island.

Then   my uncle's house.

We   .

We travel around for a week.

                                   to visit.

We have a fun week every summer.

Unit 07

Buddy is my pet dog.

He ___ with his ball.

He ___ the park.

He is fast and can run far!

When ___, he loves to sleep on the sofa.

Buddy ___.

He is very friendly and loves to make new friends.

Buddy always ___.

Unit 08

I ___.

I ___ with crayons.

I'm ___ colorful shapes.

I also ___.

I'm ___.

I like picture books.

I love to read them with Mom and Dad.

These are my favorite hobbies.

I ___ and learning every day.

Unit 09

Pizza is my favorite food.

It is   .

It has   .

Sometimes, my family
We put all the toppings on the pizza.

Then, we   in the oven.

Pizza   and share.

It makes me happy.

I always smile   .

It is the best time.

Unit 10

Mickey Mouse is my favorite star.

Mickey has   .

He   , and white gloves.

Mickey Mouse loves to   .

He   like Minnie Mouse,
Donald Duck, and Goofy.

He and his friends   together.

I have Mickey Mouse toys and books.

I like to   .

They are very exciting.

Unit 11

Summer is hot and sunny.

I   every day.

I   at the beach.

The waves are also fun to watch.

Summer is great   .

I   with my family.

My favorite flavor is chocolate.

It   .

Summer is my favorite season

                    !

Unit 12

We   for different weather.

When it is hot and sunny, I
and shorts.

It keeps me cool.

                    , I put on a sweater and a coat.

I can stay warm outside with them.

                    , I put on a raincoat and

rain boots.

They keep me dry. I   .

And I jump in puddles.

Unit 13

Joy is a nice girl.

, she washes her hands.

She sets the table and waits for meals.

, she uses chopsticks.

She

a little bit of everything.

, she says thank you for the meal.

She clears the table and washes the dishes.

!

Unit 14

My   a good place.

It has   to do!

There is a big park with swings and slides.

I can play with my friends there.

We also   .

Sometimes, we   .

We read books and listen to stories.

There   .

They always say hello each other.

I   !

Unit 15

My funny hero is my dad.

Dad   .

Dad   every day.

Dad loves to tell jokes.

"Why did the bicycle fall over?

                                        !"

I laugh every time   .

Dad makes me happy and   .

He   and love.

Unit 16

Let's   today.

First,   of bread.

Next, spread butter on the bread.

Then,   .

And put tomatoes and lettuce.

After that, add bread on top.

Now,   .

Cut the sandwich into small pieces.

Finally,   !

                                !

Unit 17

Christmas is a special day.

with family and friends.

We   with lights.

On Christmas Eve, we   .

We hope to get gifts.

In the morning, I'm   .

Christmas   .

I   with others.

It's a joyful and magical holiday!

Unit 18

My feelings change every day.

, I smile and laugh.

I feel happy   .

I feel sad when something goes wrong.

, I want to be alone.

.

Sometimes, I'm angry.

I feel angry when someone hurts my feelings.

, I   deep breaths.

And then I feel better.

Unit 19

Everyone   .
Some kids   .
They   beautiful paintings
and crafts.
Some kids   .
They like to learn about space.
They will travel to other planets.
My dream job is   .
I   and write songs.
I'm good at   .
I hope we all have our dream jobs in the future.

Unit 20

Dear classmates,

I   !

We will have fun together.

We will get ready for the games.

I know we will   .

During lunchtime, we   and drinks.

At the end,   for the winners.

I hope   !

And I hope   .

글쓰기 스타터

Answer Key 정답 확인

Unit 01 p.11

STEP 02 문장 연습하기

문장 연습 전에 대표 표현 확인하기

I am~ 나는 ~이다(있다)

'나는 1학년이야.' '나는 축구팀에 있어.'와 같이
'나는 ~이다'와 '나는 ~에 있다'를 표현할 때 <I am~>으로 써 보세요.
I am은 줄여서 I'm으로 써요.

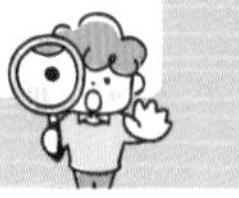

핵심 문장 쓰기

001 I am **a student**. 나는 **학생**이다.

a genius 나는 천재이다.

➡ I am a genius.

a singer 나는 가수이다.

➡ I am a singer.

나는 ____이다.

➡ (I am Sue.)

더 써 보기
I am ______
이름 : Sue, Jack
의사 : a doctor
선생님 : a teacher
열두 살 : 12 years old

11

Unit 01 p.12

002 I am **in the first grade**. 나는 **1학년**이다.

in the 2nd grade 나는 2학년이다.

➡ I am in the second grade.

in the 3rd grade 나는 3학년이다.

➡ I am in the third grade.

더 써 보기
I am ______
1학년 : 1^{st}(first) grade
2학년 : 2^{nd}(second) grade
3학년 : 3^{rd}(third) grade
4학년 : 4^{th}(fourth) grade
5학년 : 5^{th}(fifth) grade
6학년 : 6^{th}(sixth) grade

003 I am **on the soccer team**. 나는 **축구팀에** 있다.

in the room 나는 방에 있다.

➡ I am in the room.

in the park 나는 공원에 있다.

➡ I am in the park.

더 써 보기
I am ______
서울에 : in Seoul
도서관에 : in the library
학교에 : at school

추가 표현 Sentence 쓰기

01 나는 수정초등학교에 다닌다. (go to ~ Sujung Elementary School)
I go to Sujung Elementary School.

02 나는 축구하는 것을 좋아한다. (like to play)
I like to play soccer.

12

Unit 01 p.13

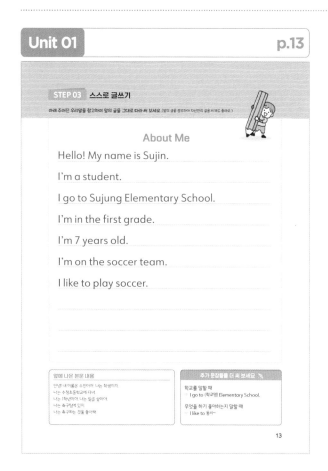

STEP 03 스스로 글쓰기

아래 주어진 우리말을 참고하여 앞의 글을 그대로 따라 써 보세요. (앞의 글을 참조하여 자신만의 글을 써 봐도 좋아요.)

About Me

Hello! My name is Sujin.
I'm a student.
I go to Sujung Elementary School.
I'm in the first grade.
I'm 7 years old.
I'm on the soccer team.
I like to play soccer.

앞에 나온 본문 내용
안녕! 내 이름은 수진이야. 나는 학생이지.
나는 수정초등학교에 다녀.
나는 1학년이야. 나는 일곱 살이야.
나는 축구팀에 있지.
나는 축구하는 것을 좋아해.

추가 문장들을 더 써 보세요
학교를 말할 때
I go to (학교명) Elementary School.
무엇을 하기 좋아하는지 말할 때
I like to 동사~

13

Unit 02 p.15

STEP 02 문장 연습하기

문장 연습 전에 대표 표현 확인하기

She is~ 그녀는 ~(하)다

'그녀는 재미있다.' '그는 바쁘다.'와 같이 '그녀는 ~(하)다'와 '그는 ~(하)다'를 표현할 때
<She is~> 또는 <He is~>로 써 보세요.

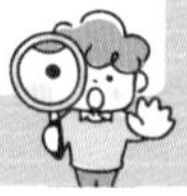

핵심 문장 쓰기

001 She is **fun**. 그녀는 **재미있**다.

busy 그는 바쁘다.

➡ He is busy.

kind 그녀는 친절하다.

➡ She is kind.

그녀는 ____(하)다.

➡ (She is caring.)

더 써 보기
She is ______
상태 : busy(바쁜)
특징 : fun(재미있는)
성격 : kind(친절한)
caring(배려하는)

15

002   I live with **my grandma** . 나는 **나의 할머니**와 산다.

my dog   나는 내 강아지와 산다.

→ I live with my dog.

my family   나는 나의 가족과 산다.

→ I live with my family.

더 써 보기
live with _____
애완동물 : pet
할아버지 : grandpa

003   He is **a math teacher** . 그는 **수학 선생님**이다.

an office worker   그녀는 회사원이다.

→ She is an office worker.

a student   그는 학생이다.

→ He is a student.

더 써 보기
He/She is _____
주부 : housemaker
경찰 : police officer
소방관 : firefighter

추가 표현
Sentence
쓰기

① 우리 가족은 네 명이다. (There are~)
→ There are four people in my family.
② 나는 내 가족을 사랑한다. (love)
→ I love my family.

16

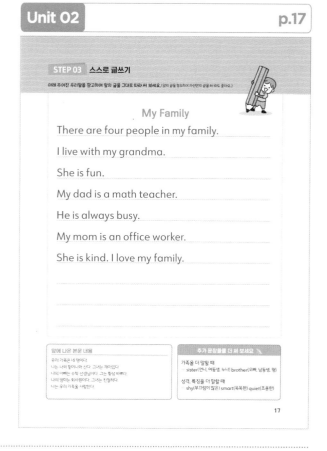

STEP 03 스스로 글쓰기

아래 주어진 우리말을 참고하여 앞의 글을 그대로 따라 써 보세요. (앞의 글을 참조하여 자신만의 글을 써 봐도 좋아요.)

My Family

There are four people in my family.

I live with my grandma.

She is fun.

My dad is a math teacher.

He is always busy.

My mom is an office worker.

She is kind. I love my family.

앞에 나오는 본문 내용
우리 가족은 네 명이다.
나는 나의 할머니와 산다. 그녀는 재미있다.
나의 아빠는 수학 선생님이다. 그는 항상 바쁘다.
나의 엄마는 회사원이다. 그녀는 친절하다.
나는 우리 가족을 사랑한다.

추가 문장들을 더 써 보세요

가족을 더 말할 때
sister(언니, 여동생, 누나) brother(오빠, 남동생, 형)

성격, 특징을 더 말할 때
shy(부끄럼이 많은) smart(똑똑한) quiet(조용한)

17

STEP 02 문장 연습하기

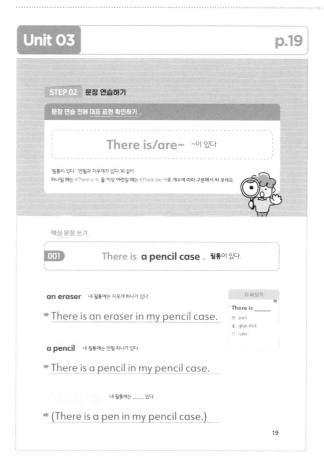

문장 연습 전에 대표 표현 확인하기

There is/are~ ~이 있다

필통이 있다. '연필과 지우개가 있다.'와 같이
하나일 때는 <There is~>, 둘 이상 여럿일 때는 <There are~>로 개수에 따라 구분해서 써 보세요.

핵심 문장 쓰기

001   There is **a pencil case** . **필통**이 있다.

an eraser   내 필통에는 지우개 하나가 있다.

→ There is an eraser in my pencil case.

a pencil   내 필통에는 연필 하나가 있다.

→ There is a pencil in my pencil case.

내 필통에는 _____ 있다.

→ (There is a pen in my pencil case.)

더 써 보기
There is _____
펜 : pen
풀 : glue stick
자 : ruler

19

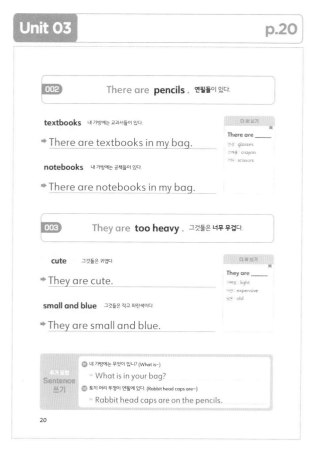

002   There are **pencils** . 연필들이 있다.

textbooks   내 가방에는 교과서들이 있다.

→ There are textbooks in my bag.

notebooks   내 가방에는 공책들이 있다.

→ There are notebooks in my bag.

더 써 보기
There are _____
안경 : glasses
크레용 : crayon
가위 : scissors

003   They are **too heavy** . 그것들은 **너무 무겁**다.

cute   그것들은 귀엽다.

→ They are cute.

small and blue   그것들은 작고 파란색이다.

→ They are small and blue.

더 써 보기
They are _____
가벼운 : light
비싼 : expensive
낡은 : old

추가 표현
Sentence
쓰기

① 네 가방에는 무엇이 있니? (What is~)
→ What is in your bag?
② 토끼 머리 뚜껑이 연필에 있다. (Rabbit head caps are~)
→ Rabbit head caps are on the pencils.

20

STEP 03 스스로 글쓰기

아래 주어진 우리말을 참고하여 앞의 글을 그대로 따라 써 보세요. (앞의 글을 참조하여 자신만의 글을 써 봐도 돼요.)

In My Bag

What is in your bag?

There is a pencil case.

It is small and blue.

There are pencils and an eraser.

Rabbit head caps are on the pencils.

They are cute.

There are textbooks and notebooks.

They are too heavy.

앞에 나온 본문 내용

네 가방에는 무엇이 있니? / 필통이 있다.
그것은 작고 파란색이다. / 연필과 지우개가 있다.
토끼 머리 뚜껑이 연필에 있다.
그것들은 귀엽다.
교과서들과 공책들이 있다.
그것들은 너무 무겁다.

추가 문장들을 더 써 보세요

가방에 있는 물건을 더 말할 때

headphones(헤드폰) planner(일정 계획표)
water bottle(물통) lunch box(도시락(통))

21

STEP 02 문장 연습하기

문장 연습 전에 대표 표현 확인하기

We go~ 우리는 ~에 간다

'우리는 놀이터에 간다' '우리는 오르락내리락한다'와 같이
어떤 장소나 방향으로 가는 것을 표현할 때 동사 go로 써 보세요.

핵심 문장 쓰기

001   We go to **the playground** . 우리는 **놀이터**에 간다

the park 우리는 공원에 간다

➡ We go to the park.

school 우리는 학교에 간다

➡ We go to school.

우리는 ___에 간다

➡ (We go to the zoo.)

더 써 보기

go to _____
동물원 : zoo
해변 : beach
은행 : bank

23

002   We go **up and down** . 우리는 **오르락내리락**한다.

round and round 우리는 빙글빙글 돈다.

➡ We go round and round.

up the hill 우리는 언덕 위로 간다.

➡ We go up the hill

더 써 보기

go _____
빙글빙글 : in and out
언덕 아래로 : down the hill

003   We play **hide-and-seek** . 우리는 **숨바꼭질**을 한다.

rock-paper-scissors 우리는 가위바위보를 한다.

➡ We play rock-paper-scissors.

all day long 우리는 하루 종일 논다.

➡ We play all day long.

더 써 보기

play _____
축구 : soccer
농구 : basketball
야구 : baseball

추가 표현
Sentence
쓰기

01 매트는 나의 가장 좋은 친구이다. (~is my best friend)
➡ Matt is my best friend.

02 우리는 재미있는 것을 좋아한다. (love to~)
➡ We love to have fun.

24

STEP 03 스스로 글쓰기

아래 주어진 우리말을 참고하여 앞의 글을 그대로 따라 써 보세요. (앞의 글을 참조하여 자신만의 글을 써 봐도 돼요.)

Let's Play

Matt is my best friend.

We love to have fun.

We go to the playground every day.

On a slide, we go up and down.

On a merry-go-round, we go round and
round.

And we play hide-and-seek.

We play rock-paper-scissors.

We play all day long.

앞에 나온 본문 내용

매트는 나의 가장 좋은 친구이다.
우리는 재미있는 것을 좋아한다. 우리는 매일 놀이터에 간다.
미끄럼틀에서 우리는 오르락내리락한다.
회전목마에서 우리는 빙글빙글 돈다
그리고 우리는 숨바꼭질을 한다.
우리는 가위바위보를 한다. 우리는 하루 종일 논다.

추가 문장들을 더 써 보세요

놀이기구를 더 말할 때

swing(그네) seesaw(시소) tunnel(터널)
spring horse(스프링 말) jungle gym(정글짐)

25

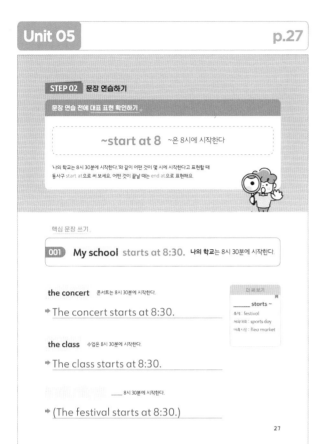

STEP 02　문장 연습하기

문장 연습 전에 대표 표현 확인하기

~start at 8 　~은 8시에 시작한다

'나의 학교는 8시 30분에 시작한다'와 같이 어떤 것이 몇 시에 시작한다고 표현할 때
동사구 start at으로 써 보세요. 어떤 것이 끝날 때는 end at으로 표현해요.

핵심 문장 쓰기

001　My school starts at 8:30. 나의 학교는 8시 30분에 시작한다.

the concert　콘서트는 8시 30분에 시작한다.

→ The concert starts at 8:30.

the class　수업은 8시 30분에 시작한다.

→ The class starts at 8:30.

_____　8시 30분에 시작한다.

→ (The festival starts at 8:30.)

더 써 보기
_____ starts ~
축제 : festival
체육대회 : sports day
벼룩 시장 : flea market

27

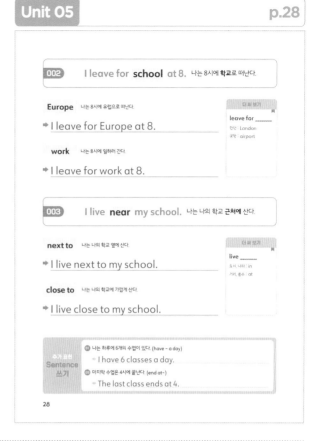

002　I leave for school at 8. 나는 8시에 학교로 떠난다.

Europe　나는 8시에 유럽으로 떠난다.

→ I leave for Europe at 8.

work　나는 8시에 일하러 간다.

→ I leave for work at 8.

더 써 보기
leave for _____
런던 : London
공항 : airport

003　I live near my school. 나는 나의 학교 근처에 산다.

next to　나는 나의 학교 옆에 산다.

→ I live next to my school.

close to　나는 나의 학교에 가깝게 산다.

→ I live close to my school.

더 써 보기
live _____
도시, 나라 : in
거리, 층수 : at

추가 표현
Sentence
쓰기

⑪ 나는 하루에 6개의 수업이 있다. (have - a day)
→ I have 6 classes a day.
⑫ 마지막 수업은 4시에 끝난다. (end at~)
→ The last class ends at 4.

28

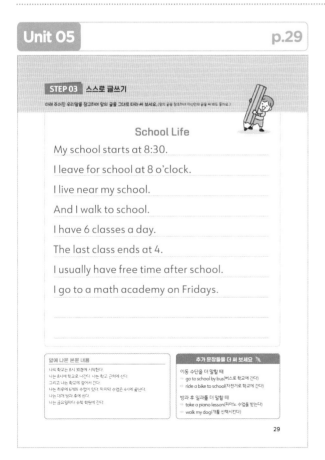

STEP 03　스스로 글쓰기

아래 주어진 우리말을 참고하여 앞의 글을 그대로 따라 써 보세요. (앞의 글을 참고하거나 마지막의 글을 써 봐도 좋아요.)

School Life

My school starts at 8:30.

I leave for school at 8 o'clock.

I live near my school.

And I walk to school.

I have 6 classes a day.

The last class ends at 4.

I usually have free time after school.

I go to a math academy on Fridays.

앞에 나온 본문 내용
나의 학교는 8시 30분에 시작한다.
나는 8시에 학교로 떠난다. 나는 학교 근처에 산다.
그리고 나는 학교에 걸어서 간다.
나는 하루에 6개의 수업이 있다. 마지막 수업은 4시에 끝난다.
나는 대게 방과 후에 여유 시간이 있다.
나는 금요일마다 수학 학원에 간다.

추가 문장들을 더 써 보세요
이동 수단을 더 말할 때
⦁ go to school by bus(버스로 학교에 간다)
⦁ ride a bike to school(자전거로 학교에 간다)
방과 후 일과를 더 말할 때
⦁ take a piano lesson(피아노 수업을 받는다)
⦁ walk my dog(개를 산책시킨다)

29

STEP 02　문장 연습하기

문장 연습 전에 대표 표현 확인하기

We take~ 　우리는 ~을 탄다

'우리는 비행기를 탄다.', '우리는 택시를 탄다.'와 같이
탈 것을 말할 때 동사 take로 써 보세요.

핵심 문장 쓰기

001　We take a plane to Jeju Island .
우리는 제주행 비행기를 탄다.

a bus to school　우리는 학교로 가는 버스를 탄다.

→ We take a bus to school.

a taxi to my uncle's house　우리는 삼촌 집까지 택시를 탄다.

→ We take a taxi to my uncle's house.

우리는 ___ 탄다.

→ (We take a subway.)

더 써 보기
take _____
지하철 : subway
엘리베이터 : elevator
놀이기구 : ride

31

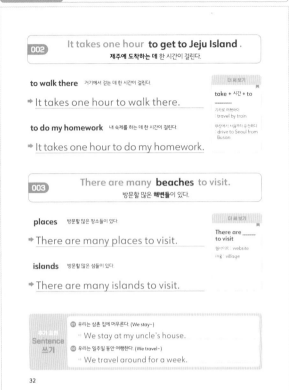

002 It takes one hour **to get to Jeju Island** .
제주에 도착하는 데 한 시간이 걸린다.

to walk there 거기에서 걷는 데 한 시간이 걸린다.

➡ It takes one hour to walk there.

to do my homework 내 숙제를 하는 데 한 시간이 걸린다.

➡ It takes one hour to do my homework.

더 써 보기
take + 시간 + to _____
기차로 여행하다 : travel by train
부산에서 서울까지 운전하다 : drive to Seoul from Busan

003 There are many **beaches** to visit.
방문할 많은 **해변**들이 있다.

places 방문할 많은 장소들이 있다.

➡ There are many places to visit.

islands 방문할 많은 섬들이 있다.

➡ There are many islands to visit.

더 써 보기
There are _____ to visit
웹사이트 : website
마을 : village

추가 표현
Sentence 쓰기

㉮ 우리는 삼촌 집에 머무른다. (We stay~)
➡ We stay at my uncle's house.

㉯ 우리는 일주일 동안 여행한다. (We travel~)
➡ We travel around for a week.

32

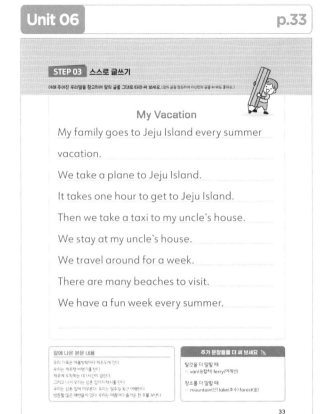

STEP 03 스스로 글쓰기

아래 주어진 우리말을 참고하여 앞의 글을 그대로 따라 써 보세요.(앞의 글을 참고하여 자신만의 글을 써 바도 좋아요.)

My Vacation

My family goes to Jeju Island every summer vacation.

We take a plane to Jeju Island.

It takes one hour to get to Jeju Island.

Then we take a taxi to my uncle's house.

We stay at my uncle's house.

We travel around for a week.

There are many beaches to visit.

We have a fun week every summer.

앞에 나온 본문 내용
우리 가족은 여름방학마다 제주도에 간다.
우리는 제주행 비행기를 탄다.
제주에 도착하는 데 한 시간이 걸린다.
그러고 나서 우리는 삼촌 집까지 택시를 탄다.
우리는 삼촌 집에 머무른다. 우리는 일주일 동안 여행한다.
방문할 많은 해변들이 있다. 우리는 여름에는 즐거운 한 주를 보낸다.

추가 문장들을 더 써 보세요
탈것을 더 말할 때
van(승합차) ferry(여객선)
장소를 더 말할 때
mountain(산) lake(호수) forest(숲)

33

STEP 02 문장 연습하기

문장 연습 전에 대표 표현 확인하기

He loves to~　그는 ~하는 것을 좋아한다

'그는 공놀이하는 것을 좋아한다.' '그는 공원에서 뛰어다니는 것을 좋아한다.'와 같이
좋아하는 행동을 표현할 때 동사 love to로 써 보세요.

핵심 문장 쓰기

001 He loves to **play with his ball** .
그는 그의 공으로 노는 것을 좋아한다.

run around the park 그는 공원에서 뛰어다니는 것을 좋아한다.

➡ He loves to run around the park.

eat his treats 그는 그의 간식을 먹는 것을 좋아한다.

➡ He loves to eat his treats.

더 써 보기
love to + 동사
수영하다 : swim
걷다 : walk
노래하다 : sing

그는 _____ (하는) 것을 좋아한다.

➡ (He loves to swim.)

35

002 When he's **tired** , he loves to sleep on the sofa.
그는 피곤할 때, 그는 소파에서 자는 것을 좋아한다.

sleepy 그는 졸릴 때, 그는 소파에서 자는 것을 좋아한다.

➡ When he's sleepy, he loves to sleep on the sofa.

sad 그는 슬플 때, 그는 소파에서 자는 것을 좋아한다.

➡ When he's sad, he loves to sleep on the sofa.

더 써 보기
When he's _____
한가한 : free
집에 : at home

003 Buddy makes me **happy** .
버디는 나를 **행복하게** 만든다.

excited 그는 나를 신나게 만든다.

➡ He makes me excited.

better 그는 나를 더 좋게 만든다.

➡ He makes me better.

더 써 보기
makes me _____
살아 있는 느낌이다 : feel alive
좋은 느낌이다 : feel good

추가 표현
Sentence 쓰기

㉮ 그는 빠르고 멀리 달릴 수 있다. (and can~)
➡ He is fast and can run far.

㉯ 그는 친근해서 새 친구를 사귀는 것을 좋아한다. (and loves to~)
➡ He is very friendly and loves to make new friends.

36

106

STEP 03 스스로 글쓰기

아래 주어진 우리말을 참고하여 앞의 글을 그대로 따라 써 보세요.(앞의 글을 참고하여 자신만의 글을 써 봐도 좋아요.)

My Pet

Buddy is my pet dog.

He loves to play with his ball.

He loves to run around the park.

He is fast and can run far!

When he's tired, he loves to sleep on the sofa.

Buddy loves to eat his treats.

He is very friendly and loves to make new

friends.

Buddy always makes me happy.

앞에 나온 본문 내용

버디는 나의 애완 개다.
그는 공(볼)에서 뛰어다니는 것을 좋아한다. 그는 빠르고 멀리 달릴 수 있다.
그는 피곤할 때, 그는 소파에서 자는 것을 좋아한다.
버디는 그의 간식을 먹는 것을 좋아한다.
그는 무척 친근하고 새 친구들을 사귀는 것을 좋아한다.
버디는 항상 나를 행복하게 만든다.

추가 문장들을 더 써 보세요

애완동물을 더 말할 때
* lizard(도마뱀) hamster(햄스터) beetle(풍뎅이)
* goldfish(금붕어) snake(뱀)

37

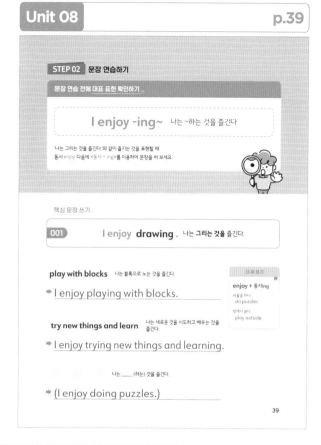

STEP 02 문장 연습하기

문장 연습 전에 대표 표현 확인하기

I enjoy -ing~   나는 ~하는 것을 즐긴다

'나는 그리는 것을 즐긴다'와 같이 즐기는 것을 표현할 때
동사 enjoy 다음에 <동사 + ing>를 이용하여 문장을 써 보세요.

핵심 문장 쓰기

001   I enjoy **drawing** .   나는 그리는 것을 즐긴다.

play with blocks   나는 블록으로 노는 것을 즐긴다.

➡ I enjoy playing with blocks.

더 써 보기
enjoy + 동사ing
* 퍼즐을 하다
: do puzzles
* 밖에서 놀다
: play outside

try new things and learn   나는 새로운 것을 시도하고 배우는 것을 즐긴다.

➡ I enjoy trying new things and learning.

나는 _____ (하는) 것을 즐긴다.

➡ (I enjoy doing puzzles.)

39

---

002   I'm good at **making colorful shapes** .
나는 색채가 풍부한 모양을 만드는 것을 잘한다.

build tall towers   나는 높은 탑을 쌓는 것을 잘한다.

➡ I'm good at building tall towers.

read fast   나는 빨리 읽는 것을 잘한다.

➡ I'm good at reading fast.

더 써 보기
I'm good at
+ 동사ing
* 단어를 기억하다
: remember words
* 빨리 달리다
: run fast

003   I like to **draw pictures with crayons** .
나는 크레용으로 그림 그리는 것을 좋아한다.

hear stories   나는 이야기를 듣는 것을 좋아한다.

➡ I like to hear stories.

play soccer   나는 축구하는 것을 좋아한다.

➡ I like to play soccer.

더 써 보기
like to + 동사
* 동물을 보다
: see animals
* 춤추다
: dance

추가 표현
Sentence
쓰기

① 이것들은 내가 가장 좋아하는 취미이다. (These are my~)
➡ These are my favorite hobbies.

② 나는 그림책들을 좋아한다. (I like~)
➡ I like picture books.

40

STEP 03 스스로 글쓰기

아래 주어진 우리말을 참고하여 앞의 글을 그대로 따라 써 보세요.(앞의 글을 참고하여 자신만의 글을 써 봐도 좋아요.)

I Enjoy Everything

I enjoy drawing.

I like to draw pictures with crayons.

I'm good at making colorful shapes.

I also enjoy playing with blocks.

I'm good at building tall towers.

I like picture books.

I love to read them with Mom and Dad.

These are my favorite hobbies.

I enjoy trying new things and learning every

day.

앞에 나온 본문 내용

나는 그리는 것을 즐긴다. 나는 크레용으로 그림 그리는 것을 좋아한다.
나는 색채가 풍부한 모양 만들기를 잘한다.
나는 또한 블록으로 노는 것을 즐긴다. 나는 높은 탑을 쌓는 것을 잘한다.
나는 그림책을 좋아한다. 나는 엄마와 아빠랑 그것들을 읽는 것을 좋아한다.
이것들은 내가 가장 좋아하는 취미들이다.
나는 매일 새로운 것을 시도하고 배우는 것을 즐긴다.

추가 문장들을 더 써 보세요

취미를 더 말할 때
* cook(요리하다) bake(빵을 굽다)
* ride a bike(자전거를 타다)
* play board games(보드게임을 하다)

41

107

STEP 02 문장 연습하기

문장 연습 전에 대표 표현 확인하기

It is a(n) ~dish. 그것은 ~ 음식이다

'그것은 이탈리아의 음식이다'와 같이 <형용사 + 명사>로 써서 명사를 수식하는 것을 표현할 때 형용사의 위치에 주의하며 써 보세요.

핵심 문장 쓰기

001   **It is an Italian dish.** 그것은 **이탈리아의 음식**이다.

yummy cheese   그것은 위에 맛있는 치즈가 있다.

→ It has yummy cheese on top.

the best time   그것은 가장 좋은 시간이다.

→ It is the best time.

그것은 _____ 음식이다.

→ (It is a Korean food.)

더 써 보기

<형용사 + 명사>

한국 음식
a Korean dish

작은 도시
a small town

큰 집
a big house

43

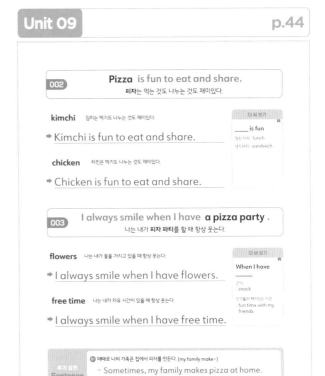

002   **Pizza is fun to eat and share.**
피자는 먹는 것도 나누는 것도 재미있다.

kimchi   김치는 먹기도 나누는 것도 재미있다.

→ Kimchi is fun to eat and share.

chicken   치킨은 먹기도 나누는 것도 재미있다.

→ Chicken is fun to eat and share.

더 써 보기

_____ is fun

점심: 식사: lunch
샌드위치: sandwich

003   **I always smile when I have a pizza party.**
나는 내가 **피자 파티**를 할 때 항상 웃는다.

flowers   나는 내가 꽃을 가지고 있을 때 항상 웃는다.

→ I always smile when I have flowers.

free time   나는 내가 자유 시간이 있을 때 항상 웃는다.

→ I always smile when I have free time.

더 써 보기

When I have

간식: snack

친구들과 즐거운 시간
fun time with my friends

추가 표현
Sentence 쓰기

때때로 나의 가족은 집에서 피자를 만든다. (my family make~)
→ Sometimes, my family makes pizza at home.

그다음에 우리는 오븐에 그것을 굽는다. (Then, we bake~)
→ Then, we bake it in the oven.

44

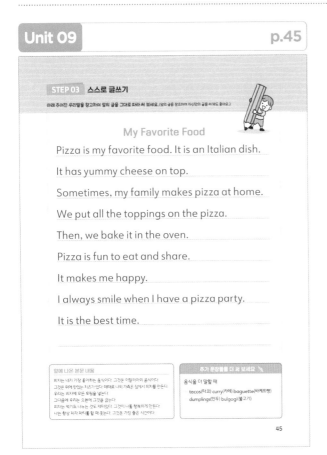

STEP 03 스스로 글쓰기

아래 주어진 우리말을 참고하여 앞의 글을 그대로 따라 써 보세요. (앞의 글을 참고하여 자신만의 글을 써 봐도 좋아요.)

My Favorite Food

Pizza is my favorite food. It is an Italian dish.

It has yummy cheese on top.

Sometimes, my family makes pizza at home.

We put all the toppings on the pizza.

Then, we bake it in the oven.

Pizza is fun to eat and share.

It makes me happy.

I always smile when I have a pizza party.

It is the best time.

앞에 나온 본문 내용

피자는 내가 가장 좋아하는 음식이다. 그것은 이탈리아의 음식이다.
그것은 위에 맛있는 치즈가 있다. 때때로 나의 가족은 집에서 피자를 만든다.
우리는 피자에 모든 토핑을 넣는다.
그다음에 우리는 오븐에 그것을 굽는다.
피자는 먹는 것도 나누는 것도 재미있다. 그것은 나를 행복하게 만든다.
나는 항상 피자 파티를 할 때 웃는다. 그것은 가장 좋은 시간이다.

추가 문장들을 더 써 보세요

음식을 더 말할 때

tacos(타코) curry(카레) baguette(바게트빵)
dumplings(만두) bulgogi(불고기)

45

STEP 02 문장 연습하기

문장 연습 전에 대표 표현 확인하기

He wears~ 그는 ~을 입는다

'그는 반바지를 입는다'와 같이 옷, 신발, 모자 등을 입고 쓴다는 의미일 때 동사 wear를 쓰는데 주어가 He, She, It 등일 때는 <동사 + (e)s>로 쓴다는 것에 주의하세요.

핵심 문장 쓰기

001   **He wears red shorts, yellow shoes, and white gloves.**
그는 빨간 반바지와 노란 신발, 하얀 장갑을 끼고 있다.

glasses   그는 안경을 쓴다.

→ He wears glasses.

his blue cap   그는 그의 파란 모자를 쓴다.

→ He wears his blue cap.

더 써 보기

He wears _____

망토: a cape
반지: a ring
바지: pants

그는 _____ 입는다.

→ (He wears a cape.)

47

Unit 10 — p.48

002 Mickey Mouse loves to **go on an adventure**.
미키 마우스는 **모험하는** 것을 좋아한다.

go on a picnic 그는 소풍 가는 것을 좋아한다.
➡ He loves to go on a picnic.

go on a tour 그는 여행하는 것을 좋아한다.
➡ He loves to go on a tour.

더 써보기
go on _____
산책하러 가기 : go on a walk
여행하러 가기 : go on a trip

003 He has **many friends**
like Minnie Mouse, Donald Duck, and Goofy.
그는 미니 마우스, 도날드 덕, 그리고 구피와 같은 많은 친구들이 있다.

toys like Spider-man and Batman
그는 스파이더맨 그리고 배트맨과 같은 장난감이 있다.
➡ He has toys like Spider-man and Batman.

snacks like chips and apples 그는 칩과 사과와 같은 간식이 있다.
➡ He has snacks like chips and apples.

더 써보기
has
개와 고양이 같은 애완동물들
- pets like a dog and a cat

추가 표현 Sentence 쓰기
⑩ 미키는 크고 둥근 귀와 미소를 갖고 있다. (has big, round~)
➡ Mickey has big, round ears and a big smile.
⑪ 그와 그의 친구들은 거기서 재미있는 퍼즐을 푼다. (solve fun puzzles)
➡ He and his friends solve fun puzzles together.

48

Unit 10 — p.49

STEP 03 스스로 글쓰기
아래 주어진 우리말을 참고하여 앞의 글을 그대로 따라 써 보세요. (앞의 글을 덮었더라도 자신만의 글을 써 봐도 돼요.)

My Favorite Star

Mickey Mouse is my favorite star.

Mickey has big, round ears and a big smile.

He wears red shorts, yellow shoes, and white gloves.

Mickey Mouse loves to go on adventures.

He has many friends like Minnie Mouse,

Donald Duck, and Goofy.

He and his friends solve fun puzzles together.

I have Mickey Mouse toys and books.

I like to read Mickey Mouse stories.

They are very exciting.

앞에 나온 본문 내용
미키 마우스는 내가 가장 좋아하는 스타이다. 미키는 크고 둥근 귀와 커다란 미소를 갖고 있다. 그는 빨간 반바지와 노란 신발, 하얀 장갑을 끼고 있다. 미키 마우스는 모험하는 것을 좋아한다. 그는 미니 마우스, 도날드 덕, 그리고 구피와 같은 많은 친구들이 있다. 그와 그의 친구들은 함께 재미있는 퍼즐을 푼다. 나는 미키 마우스 장난감과 책이 있다. 나는 미키 마우스 이야기 읽는 것을 좋아한다. 그것들은 매우 흥미진진하다.

추가 문장을 더 써 보세요
스타를 더 말할 때
superhero(슈퍼히어로) Superman(슈퍼맨)
movie star(무비스타/영화배우)
soccer star(축구 스타) baseball star(농구 스타)

49

Unit 11 — p.51

STEP 02 문장 연습하기

문장 연습 전에 대표 표현 확인하기

I go -ing 나는 ~하러 간다

'나는 수영하러 간다'와 같이 <go + 동사ing>는 '~하러 간다'라는 것을 표현할 때 써요.
camp → camping, swim → swimming처럼 동사 다음에 ing 쓰는 것에 주의하세요.

핵심 문장 쓰기

001 I go **swimming**. 나는 수영하러 간다.

camping 나는 캠핑하러 간다.
➡ I go camping.

fishing 나는 낚시하러 간다.
➡ I go fishing.

더 써보기
go + 동사ing
쇼핑하러 : shopping
하이킹하러 : hiking
달리기하러 : running

나는 ____ 간다.
➡ (I go shopping.)

51

Unit 11 — p.52

002 It keeps me **cool**.
그것은 나를 **시원하게** 해 준다.

warm 그것은 나를 따뜻하게 해 준다.
➡ It keeps me warm.

calm 그것은 나를 침착하게 해 준다.
➡ It keeps me calm.

더 써보기
keep me
건조하게 만들다 : dry
추운 : cold

003 Summer is my favorite season because I can
do fun things.
여름은 내가 **재미있는 것들을** 할 수 있기 때문에 가장 좋아하는 계절이다.

play outside 여름은 내가 밖에서 놀 수 있기 때문에 가장 좋아하는 계절이다.
➡ Summer is my favorite season because I can play outside.

go to the beach 여름은 내가 해변에 갈 수 있기 때문에 가장 좋아하는 계절이다.
➡ Summer is my favorite season because I can go to the beach.

더 써보기
because I can
아이스크림을 먹다
eat ice cream

추가 표현 Sentence 쓰기
⑩ 나는 해변가에서 모래성을 만든다. (build)
➡ I build sandcastles at the beach.
⑪ 여름은 아이스크림을 먹기에 가장 좋다. (great for eating~)
➡ Summer is great for eating ice cream.

52

109

STEP 03 스스로 글쓰기

아래 주어진 우리말을 참고하여 앞의 글을 그대로 따라 써 보세요. (앞의 글을 참조하여 자신만의 글을 써 봐도 좋아요.)

My Season

Summer is hot and sunny.

I go swimming every day.

I build sandcastles at the beach.

The waves are also fun to watch.

Summer is great for eating ice cream.

I like to eat ice cream cones with my family.

My favorite flavor is chocolate.

It keeps me cool.

Summer is my favorite season because I can

do fun things!

앞에 나온 본문 내용

여름은 덥고 날씨가 좋다. 나는 매일 수영하러 간다.
나는 해변에서 모래성을 만든다. 파도 또한 보는 것도 재미있다.
여름은 아이스크림을 먹기에 가장 좋다. 나는 나의 가족과 아이스크림
먹는 것을 좋아한다. 내가 가장 좋아하는 맛은 초콜릿이다.
그것은 나를 시원하게 해 준다.
여름은 내가 재미있는 것들을 할 수 있기 때문에 가장 좋아하는 계절이다.

추가 문장들을 더 써 보세요

계절과 날씨를 더 말할 때

spring(봄) warm(따뜻한) rainy(비 오는)
fall(가을) cool(시원한, 서늘한)
winter(겨울) cold(추운) snowy(눈 오는)

53

STEP 02 문장 연습하기

문장 연습 전에 대표 표현 확인하기

I put on~ 나는 ~을 입는다

나는 하얀 옷을 입는다.'와 같이 옷, 신발 등을 입고 쓰는 것은
동사 wear와 함께 put on을 써서 표현해요.

핵심 문장 쓰기

001

When it is hot and sunny.
I put on **white clothes** .
덥고 맑을 때 나는 **하얀 옷**을 입는다.

a T-shirt 덥고 맑을 때 나는 티셔츠를 입는다.

➡ When it is hot and sunny, I put on a T-shirt.

더 써 보기

put on _____
모자 : hot
샌들 : sandals
선크림 : sunscreen

shorts 덥고 맑을 때 나는 반바지를 입는다.

➡ When it is hot and sunny, I put on shorts.

나는 _____ 입는다.

➡ (I put on a hat.)

55

002

I also carry **an umbrella** .
나는 또한 **우산**을 가져간다.

my lunchbox 나는 또한 내 도시락을 가져간다.

➡ I also carry my lunchbox.

더 써 보기

carry _____
책 : book
아이 : child

my dog 나는 또한 내 개를 데려(가져)간다.

➡ I also carry my dog.

003

I can stay **warm** outside with them.
나는 그것들로 밖에서 **따뜻하게** 있을 수 있다.

cool 나는 그것들로 밖에서 시원하게 있을 수 있다.

➡ I can stay cool outside with them.

더 써 보기

stay _____
건강한 : healthy
차분한 : calm

safe 나는 그것들로 밖에서 안전하게 있을 수 있다.

➡ I can stay safe outside with them.

추가 표현 Sentence 쓰기

⑩ 우리는 다른 날씨에 다른 옷을 입는다. (wear)
➡ We wear different clothes for different weather.

⑪ 그것들은 나를 젖지 않게 해준다. (keep, dry)
➡ They keep me dry.

56

STEP 03 스스로 글쓰기

아래 주어진 우리말을 참고하여 앞의 글을 그대로 따라 써 보세요. (앞의 글을 참조하여 자신만의 글을 써 봐도 좋아요.)

Clothes

We wear different clothes for different weather.

When it is hot and sunny,

I put on a T-shirt and shorts.

They keep me cool.

When it is cold, I put on a sweater and a coat.

I can stay warm outside with them.

When it rains, I put on a raincoat and rain boots.

They keep me dry. I also carry an umbrella.

And I jump in puddles.

앞에 나온 본문 내용

우리는 다른 날씨에 다른 옷을 입는다.
덥고 맑을 때 나는 티셔츠와 반바지를 입는다.
그것들은 나를 시원하게 해준다. 추울 때는 스웨터와 코트를 입는다.
나는 그것들로 밖에서 따뜻하게 있을 수 있다.
비가 올 때 나는 비옷과 장화를 신는다. 그것들은 나를 젖지 않게 해준다.
나는 또한 우산을 가져간다. 그리고 나는 웅덩이에서 점프한다.

추가 문장들을 더 써 보세요

날씨와 옷차림을 더 말할 때

cloudy(흐린) windy(바람이 많이 부는)
dress(드레스) jeans(청바지) gloves(장갑)

57

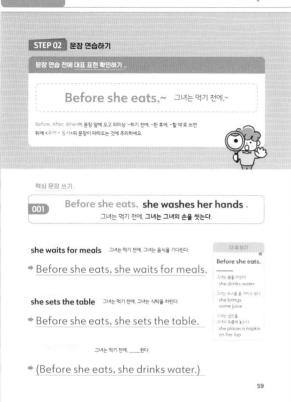

STEP 02　문장 연습하기

문장 연습 전에 대표 표현 확인하기

Before she eats,~　그녀는 먹기 전에,~

Before, After, When이 문장 앞에 오고 의미상 ~하기 전에, ~한 후에, ~할 때로 쓰면
뒤에 <주어 + 동사>의 문장이 따라오는 것에 주의하세요.

핵심 문장 쓰기

001　**Before she eats, she washes her hands .**
그녀는 먹기 전에, 그녀는 그녀의 손을 씻는다.

she waits for meals　그녀는 먹기 전에, 그녀는 음식을 기다린다.

➡ Before she eats, she waits for meals.

she sets the table　그녀는 먹기 전에, 그녀는 식탁을 차린다.

➡ Before she eats, she sets the table.

그녀는 먹기 전에, ___한다.

➡ (Before she eats, she drinks water.)

더 써 보기
Before she eats.
___
그녀는 물을 마신다
she drinks water
그녀는 주스를 좀 가지고 온다
she brings some juice
그녀는 냅킨을
그녀의 무릎에 놓는다
she places a napkin on her lap

59

002　After she eats, **she says thank you for the meal .**
그녀는 먹고 난 후에, 그녀는 음식에 대해 고맙다고 이야기한다.

she clears the table　그녀는 먹고 난 후에, 그녀는 식탁을 치운다.

➡ After she eats, she clears the table.

she washes the dishes　그녀는 먹고 난 후에, 그녀는 설거지를 한다.

➡ After she eats, she washes the dishes.

더 써 보기
After she eats.
___
그녀는 식탁을 떠난다
she leaves the table

003　What **a nice girl** !　정말 착한 아이다!

a good boy　정말 좋은 남자아이다!

➡ What a good boy!

a great student　정말 훌륭한 학생이다!

➡ What a great student!

더 써 보기
What ___
감탄하는 문장을 만들 때
귀엽고 고양이
a cute cat
낡은 집
an old house

추가 문장
Sentence
쓰기

⓵ 조이는 착한 여자아이다. (a nice girl)
➡ Joy is a nice girl.

⓶ 그녀는 모든 것을 조금씩 먹어 본다. (a little bit of everything)
➡ She tries to eat a little bit of everything.

60

STEP 03　스스로 글쓰기

아래 주어진 우리말을 참고하여 앞의 글을 그대로 따라 써 보세요. (앞의 글을 뭔든지 자신만의 글을 써 봐도 좋아요.)

Good Table Manners

Joy is a nice girl.

Before she eats, she washes her hands.

She sets the table and waits for meals.

When she eats, she uses chopsticks.

She chews slowly and tries to eat a little bit of

everything.

After she eats, she says thank you for the

meal.

She clears the table and washes the dishes.

What a nice girl!

앞에 나온 본문 내용
조이는 좋은 여자아이다. 그녀는 먹기 전에, 그녀의 손을 씻는다.
그녀는 식탁을 차리고 음식을 기다린다. 그녀는 먹을 때 젓가락을 사용한다.
그녀는 천천히 씹고 모든 것을 조금씩 먹어 본다.
그녀는 먹은 후에, 그녀는 음식에 고맙다고 이야기한다.
그녀는 식탁을 치우고 설거지를 한다. 정말 착한 아이다!

추가 문장들을 더 써 보세요
식사 예절을 더 말할 때
➡ not use hands(손을 사용하지 않는다)
➡ not make a mess(엉망으로 만들지 않는다)

61

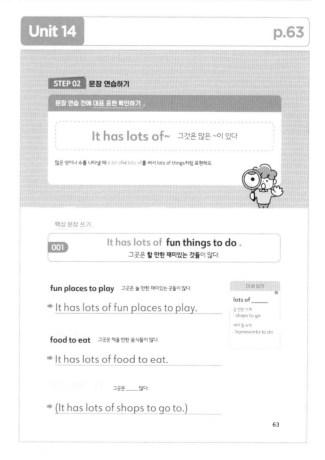

STEP 02　문장 연습하기

문장 연습 전에 대표 표현 확인하기

It has lots of~　그것은 많은 ~이 있다

많은 양이나 수를 나타낼 때 a lot of나 lots of를 써서 lots of things처럼 표현해요.

핵심 문장 쓰기

001　**It has lots of fun things to do .**
그곳은 할 만한 재미있는 것들이 많다.

fun places to play　그곳은 놀 만한 재미있는 곳들이 많다.

➡ It has lots of fun places to play.

food to eat　그곳은 먹을 만한 음식들이 많다.

➡ It has lots of food to eat.

더 써 보기
lots of ___
갈 만한 가게
shops to go
해야 할 숙제
homeworks to do

그곳은 ___ 많다.

➡ (It has lots of shops to go to.)

63

111

002   We visit **the library** . 우리는 **도서관**에 방문한다.

my grandma   우리는 할머니 집에 방문한다.

➜ We visit my grandma.

the doctor   우리는 의사를 방문한다.

➜ We visit the doctor.

더 써 보기

visit _____
농장 : the farm
친구 : a friend

003   I love **living in my neighborhood** .
나는 **나의 동네에서 사는 것을** 사랑한다.

take a walk   나는 산책하는 것을 사랑한다. (* take - taking)

➜ I love taking a walk.

listen to music   나는 음악 듣는 것을 사랑한다.

➜ I love listening to music.

더 써 보기

love + 동사ing
자전거를 타다
: ride a bike
책을 읽다
: read books

추가 표현
Sentence
쓰기

① 나의 동네는 좋은 곳이다. (a good place)
➜ My neighborhood is a good place.
② 친근한 이웃들이 있다. (friendly neighbors)
➜ There are friendly neighbors.

64

STEP 03 스스로 글쓰기
아래 주어진 우리말을 참고하여 앞의 글을 그대로 따라 써 보세요. (앞의 글을 참조하여 자신의 글을 써 버도 돼요.)

My Neighborhood

My neighborhood is a good place.

It has lots of fun things to do!

There is a big park with swings and slides.

I can play with my friends there.

We also have nice sidewalks and places to

ride a bike. Sometimes, we visit the library.

We read books and listen to stories.

There are friendly neighbors.

They always say hello each other.

I love living in my neighborhood!

앞에 나온 본문 내용
나의 동네는 좋은 곳이다. 그곳은 할 만한 재미있는 것들이 많다.
그네와 미끄럼틀이 있는 큰 공원이 있다. 나는 거기서 내 친구들과 놀 수 있다.
우리는 또한 멋진 보도가 있어 자전거를 탄다.
때때로 우리는 도서관에 방문한다. 우리는 책을 읽고 이야기를 듣는다.
친근한 이웃들이 있다. 그들은 항상 서로 인사한다.
나는 나의 동네에서 사는 것을 사랑한다!

추가 문장들을 더 써 보세요 ✐
동네를 더 말할 때
• playground(놀이터) bakery(빵집) gym(체육관)
• police station(경찰서)
• bus stop(버스 정류장) hospital(병원)

65

STEP 02 문장 연습하기

문장 연습 전에 대표 표현 확인하기

Dad makes me~ 아빠는 나를 ~하게 만든다

make 다음에 다른 동사를 써서 '~를 -하게 만든다'라는 의미로 표현하고
<make + 사람 + 동사>의 순으로 make 문장을 써 보세요.

핵심 문장 쓰기

001   Dad makes me **laugh** .
아빠는 나를 **웃게** 만든다.

clean the room   아빠는 나를 방을 청소하게 만든다.

➜ Dad makes me clean the room.

go there   아빠는 나를 거기에 가게 만든다.

➜ Dad makes me go there.

더 써 보기

make me _____
기분이 나아지다
: feel better
미소 짓다
: smile

아빠는 나를 ____ 만든다

➜ (Dad makes me feel better.)

67

002   I laugh every time he **tells this joke** .
아빠가 **이 농담을 할** 때마다 나는 웃는다.

makes funny voices   나는 그가 웃긴 목소리를 할 때마다 웃는다.

➜ I laugh every time he makes funny voices.

makes a funny face   나는 그가 웃긴 얼굴을 할 때마다 웃는다.

➜ I laugh every time he makes a funny face.

더 써 보기

every time 다음에
<주어 + 동사>가 오면
'~할 때마다'라고
해석해요.

003   He gives me **warm smile and love** .
그는 나에게 **따뜻한 미소와 사랑을** 준다.

a hug   그는 나에게 포옹을 해 준다.

➜ He gives me a hug.

a popsicle   그는 나에게 막대 아이스크림을 준다.

➜ He gives me a popsicle.

더 써 보기

동사 give 다음에
<사람 + 물건>이 오면
'사람'에게 물건을 준다'
라고 해석해요.

추가 표현
Sentence
쓰기

① 아빠는 나에게 너무 특별하다. (very special to me)
➜ Dad is very special to me.
② 아빠는 농담을 말하는 것을 좋아한다. (love to tell)
➜ Dad loves to tell jokes.

68

STEP 03 스스로 글쓰기

아래 주어진 우리말을 참고하여 앞의 글을 그대로 따라 써 보세요.

Hero

My funny hero is my dad.

Dad is very special to me.

Dad makes me laugh every day.

Dad loves to tell jokes.

"Why did the bicycle fall over?

Because it was two-tired!"

I laugh every time he tells this joke.

Dad makes me happy and makes me laugh.

He gives me a warm smile and love.

앞에 나온 본문 내용

나의 재미난 영웅은 아빠이다. 아빠는 나에게 무척 특별하다.
아빠는 매일 나를 웃게 해 준다. 아빠는 농담하는 것을 좋아한다.
"왜 자전거가 넘어졌을까? 너무 피곤해서(too tired - two tires)!"
나는 그가 농담을 할 때마다 웃는다.
아빠는 나를 행복하게 하고 나를 웃게 만든다.
그는 나에게 따뜻한 웃음과 사랑을 준다.

추가 문장들을 더 써 보세요

가족이 하는 것을 더 말할 때
- make pancakes(팬케이크를 만들다)
- take care of(돌보다)
- have much fun together(함께 즐겁게 보내다)

69

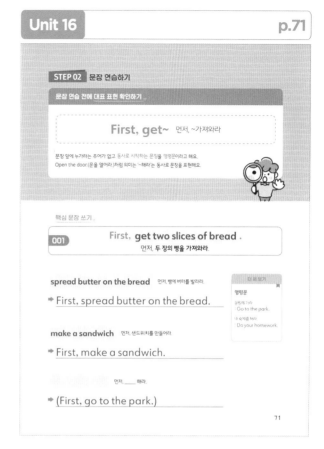

STEP 02 문장 연습하기

문장 연습 전에 대표 표현 확인하기

First, get~ 먼저, ~가져와라

문장 앞에 누가라는 주어가 없고 동사로 시작하는 문장을 명령문이라고 해요.
Open the door.(문을 열어라.)처럼 의미는 '~해라'라는 동사로 문장을 표현해요.

핵심 문장 쓰기

001   First, **get two slices of bread** .
먼저, 두 장의 빵을 가져와라.

spread butter on the bread   먼저, 빵에 버터를 발라라.

→ First, spread butter on the bread.

make a sandwich   먼저, 샌드위치를 만들어라.

→ First, make a sandwich.

먼저, _____ 라.

→ (First, go to the park.)

더 써 보기

명령문
긍정의 명령문
Go to the park.
부정의 명령문
Do your homework.

71

002   Then, add a slice of **cheese** .
그다음에, 치즈 한 조각을 더해라.

tomato   그다음에, 토마토 한 조각을 더해라.

→ Then, add a slice of tomato.

bread   그다음에, 빵 한 조각을 더해라.

→ Then, add a slice of bread.

더 써 보기

a slice of _____
케이크 : cake
양파 : onion

003   **Finally** , it's ready to eat.
드디어 먹을 준비가 되었다.

First   먼저, 샌드위치를 만들어라.

→ First, make a sandwich.

Then   그다음에, 치즈 한 조각을 더해라.

→ Then, add a slice of cheese.

더 써 보기

일의 순서
먼저 : First
다음 : Next
그다음에 : Then
드디어(마지막으로) : Finally

추가 표현 Sentence 쓰기

오늘 샌드위치를 만들자. (Let's make~)
→ Let's make a sandwich today.

맛있는 샌드위치를 즐겨라. (Enjoy~)
→ Enjoy a yummy sandwich.

72

STEP 03 스스로 글쓰기

아래 주어진 우리말을 참고하여 앞의 글을 그대로 따라 써 보세요.

My Sandwich

Let's make a sandwich today.

First, get two slices of bread.

Next, spread butter on the bread.

Then, add a slice of cheese.

And put tomatoes and lettuce.

After that, add bread on top.

Now, press it down a little.

Cut the sandwich into small pieces.

Finally, it's ready to eat!

Enjoy a yummy sandwich!

앞에 나온 본문 내용

오늘 샌드위치를 만들자. 먼저, 두 장의 빵을 가져와라.
다음, 빵에 버터를 발라라. 그다음에 치즈 한 장을 더해라.
그리고 토마토와 상추를 넣어라. 그런 후에 빵을 위에 더해라.
이제 그것을 조금 눌러라. 샌드위치를 작은 조각으로 잘라라.
드디어 먹을 준비가 되었다. 맛있는 샌드위치를 즐겨라.

추가 문장들을 더 써 보세요

요리에 쓰는 표현을 더 말할 때
- boil(끓이다) mix(섞다) fry(튀기다)
- chop(자르다) pour(붓다) taste(맛보다)

73

113

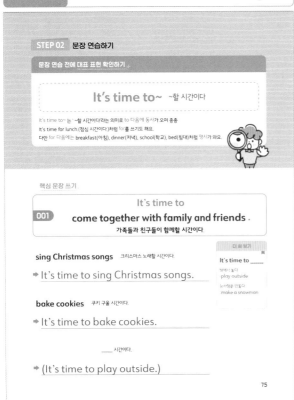

002	**Sadness** is a part of life.
	슬픔은 삶의 일부이다.

happiness   기쁨은 삶의 일부이다. (*happy - happiness)

➡ Happiness is a part of life.

madness   화는 삶의 일부이다. (*mad - madness)

➡ Madness is a part of life.

더 써보기
-ness 단어들
sick - sickness
(아픈) - (아픔)
kind - kindness
(친절한) - (친절함)

003	I **try to** take deep breaths.
	나는 숨을 깊게 쉬려고 한다.

want to   나는 숨을 깊게 쉬기를 원한다.

➡ I want to take deep breaths.

like to   나는 숨을 깊게 쉬는 것을 좋아한다.

➡ I like to take deep breaths.

더 써보기
try to + 동사
- ~하려고 노력하다
want to + 동사
- ~하기를 원하다
like to + 동사
- ~하기를 좋아하다

추가 표현 Sentence 쓰기
④ 내 감정들은 매일 바뀐다. (change every day)
➡ My feelings change every day.
⑤ 누군가 나의 감정을 상하게 할 때 나는 화가 난다. (hurt)
➡ I feel angry when someone hurts my feelings.

STEP 03   스스로 글쓰기

아래 주어진 우리말을 참고하여 앞의 글을 그대로 따라 써 보세요. (앞의 글을 참고하여 자신만의 글을 써 봐도 좋아요.)

My Feelings

My feelings change every day.

When I'm happy, I smile and laugh.

I feel happy when I am playing soccer.

I feel sad when something goes wrong.

When I'm sad, I want to be alone.

Sadness is a part of life.

Sometimes, I'm angry.

I feel angry when someone hurts my feelings.

When I'm mad, I try to take deep breaths.

And then I feel better.

앞에 나온 본문 내용
내 감정들은 매일 바뀐다. 내가 행복할 때 나는 미소 짓고 웃는다.
내가 축구하고 있을 때 나는 행복하다. 무엇이 잘못되면 나는 슬프다. 나는
슬플 때 나는 혼자 있고 싶다. 슬픔은 삶의 일부이다.
때때로 나는 화가 난다. 누군가 나의 감정을 상하게 할 때 나는 화가 난다.
나는 화가 날 때 나는 숨을 깊게 쉬려고 한다.
그런 후에 나는 기분이 나아진다.

추가 문장들을 더 써 보세요
감정을 더 말할 때
shy(수줍은) sleepy(졸린) scared(무서운)
surprised(놀란) tired(피곤한) excited(신난)

STEP 02   문장 연습하기

문장 연습 전에 대표 표현 확인하기

Some kids want to be~
어떤 아이들은 ~되고 싶어 한다

되고 싶은 것을 말할 때 <want to be~> 다음에 직업을 나타내는 말을 넣어 쓰면
앞으로 하고 싶은 일을 표현하는 문장이 되어요.

핵심 문장 쓰기

001	Some kids want to be **artists**.
	어떤 아이들은 예술가가 되고 싶어 한다.

astronauts   어떤 아이들은 우주 비행사가 되고 싶어 한다.

➡ Some kids want to be astronauts.

firefighters   어떤 아이들은 소방관이 되고 싶어 한다.

➡ Some kids want to be firefighters.

더 써보기
want to be ____
요리사 : chef
수의사 : vet

나는 ____ 되고 싶다.

➡ (Some kids want to be chefs.)

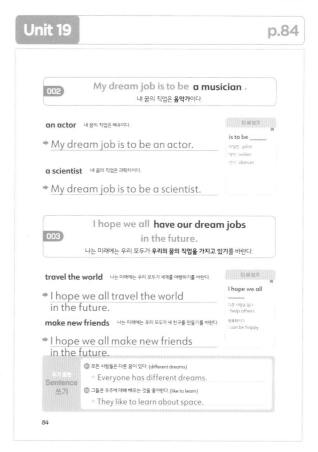

002	My dream job is to be **a musician**.
	내 꿈의 직업은 음악가이다.

an actor   내 꿈의 직업은 배우이다.

➡ My dream job is to be an actor.

a scientist   내 꿈의 직업은 과학자이다.

➡ My dream job is to be a scientist.

더 써보기
is to be ____
비행사 : pilot
작가 : writer
댄서 : dancer

003	I hope we all **have our dream jobs** in the future.
	나는 미래에는 우리 모두가 우리의 꿈의 직업을 가지고 있기를 바란다.

travel the world   나는 미래에는 우리 모두가 세계를 여행하기를 바란다.

➡ I hope we all travel the world in the future.

make new friends   나는 미래에는 우리 모두가 새 친구를 만들기를 바란다.

➡ I hope we all make new friends in the future.

더 써보기
I hope we all
다른 사람을 돕다
- help others
행복해지다
- can be happy

추가 표현 Sentence 쓰기
④ 모든 사람들은 다른 꿈이 있다. (different dreams)
➡ Everyone has different dreams.
⑤ 그들은 우주에 대해 배우는 것을 좋아한다. (like to learn)
➡ They like to learn about space.

STEP 03　스스로 글쓰기

아래 주어진 우리말을 참고하여 앞의 글을 그대로 따라 써 보세요. (앞의 글을 참고하여 10분 안에 글을 써 봐도 좋아요.)

Dream Jobs

Everyone has different dreams.

Some kids want to be artists.

They like to create beautiful drawings and crafts.

Some kids want to be astronauts.

They like to learn about space.

They will travel to other planets.

My dream job is to be a musician.

I like to sing and write songs.

I'm good at playing the guitar.

I hope we all have our dream jobs in the future.

앞에 나온 본문 내용

모두 사람들은 다른 꿈이 있다. 어떤 아이들은 예술가가 되고 싶어 한다.
그들은 아름다운 그림과 공예품을 만드는 것을 좋아한다.
어떤 아이들은 우주 비행사가 되고 싶어 한다. 그들은 우주에 대해 배우는
것을 좋아한다. 그들은 다른 행성으로 여행을 갈 것이다. 내 꿈의 직업은 음악
가이다. 나는 노래하고 노래를 쓰는 것을 좋아한다. 나는 기타를 잘 친다.
미래에는 우리모두가 우리의 꿈의 직업을 가지고 있기를 바란다.

추가 문장들을 더 써 보세요

좋아하는 것 <like(s) to>를 더 말할 때
cook for others (남들을 위해 요리하다)
write stories (이야기를 쓰다)
take care of animals (동물들을 돌보다)

85

STEP 02　문장 연습하기

문장 연습 전에 대표 표현 확인하기

I know we will~　나는 ~할 거라는 것을 안다

I know we will~은 <~라고 생각한다>라는 의미로 will이 앞으로 할 일을 나타내는 조동사예요.
<will + 동사>의 형태로 문장을 만들어요.

핵심 문장 쓰기

001　I know we will **try our best in the games**.
　　　나는 우리가 **경기에서 최선을 다할** 거라는 것을 안다.

have fun together　나는 우리가 함께 즐거운 시간을 보낼 거라는 것을 안다.

➡ I know we will have fun together.

get ready for the games　나는 우리가 게임을 준비할 거라는 것을 안다.

➡ I know we will get ready for the games.

더 써 보기
I know we will
훌륭한 팀을 만들다
: make a great team
서로 돕다
: help each other

나는 우리가 ＿＿＿ 것을 안다.

➡ (I know we will make a great team.)

87

001　At the end, there will be **medals** for the winners.
　　　마지막에는 우승자에게 **메달**이 있을 거야.

gold medals　마지막에는 우승자에게 금메달이 있을 거야.

➡ At the end, there will be gold medals for the winners.

awards　마지막에는 우승자에게 상이 있을 거야.

➡ At the end, there will be awards for the winners.

더 써 보기
there will be
케이크 : cake
큰 시험 : a big exam

003　I hope **we will win some**.
　　　나는 **우리가 몇 개를 얻기를** 바라.

it will be sunny　나는 날씨가 맑기를 바라.

➡ I hope it will be sunny.

we will share snacks　나는 우리가 간식을 나누기를 바라.

➡ I hope we will share snacks.

더 써 보기
I hope we will
괜찮다
be OK
선물을 받다
get presents

추가 표현
Sentence 쓰기

⑪ 나는 우리의 체육대회를 기대하고 있어. (excited about~)
➡ I am excited about our Sports Day.

⑫ 점심시간에 우리는 간식과 음료수를 나눌 거야. (share)
➡ During lunchtime, we will share snacks and drinks.

88

STEP 03　스스로 글쓰기

아래 주어진 우리말을 참고하여 앞의 글을 그대로 따라 써 보세요. (앞의 글을 참고하여 10분 안에 글을 써 봐도 좋아요.)

Sports Day

Dear classmates, I am excited about our

Sports Day!

We will have fun together.

We will get ready for the games.

I know we will try our best in the races.

During lunchtime, we will share snacks and

drinks.

At the end, there will be medals for the winners.

I hope we will win some!

And I hope it will be sunny tomorrow.

앞에 나온 본문 내용

친구 여러분에게, 나는 우리의 체육대회를 기대하고 있어.
우리는 함께 즐거운 시간을 보낼 거야. 우리는 모든 경기를 준비할 거야.
나는 우리가 경기에서 최선을 다할 거라는 것을 안다.
점심시간에 우리는 간식과 음료수를 나눌 거야.
마지막에는 우승자에게 메달이 있을 거야.
나는 우리가 몇 개를 얻기를 바라. 그리고 내일 날씨가 맑기를 바라.

추가 문장들을 더 써 보세요

학교 행사에 대해 더 말할 때
field trip(수학여행) club festival(동아리 축제)
book fair(도서 박람회)
school market(학교 벼룩시장)
dance contest(댄스 대회)

89

116

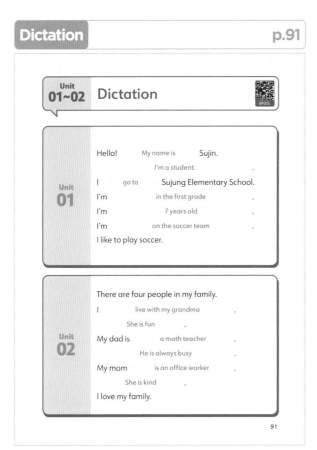

Unit 01~02 Dictation

Unit 01

Hello! My name is Sujin.
I'm a student. .
I go to Sujung Elementary School.
I'm in the first grade .
I'm 7 years old .
I'm on the soccer team .
I like to play soccer.

Unit 02

There are four people in my family.
I live with my grandma .
She is fun
My dad is a math teacher .
He is always busy .
My mom is an office worker .
She is kind .
I love my family.

91

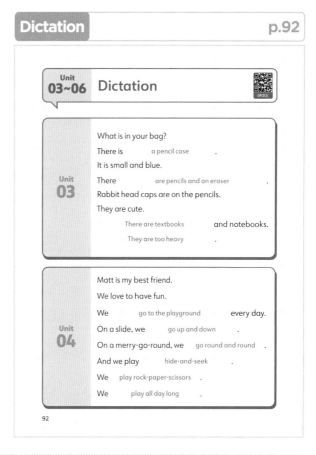

Unit 03~06 Dictation

Unit 03

What is in your bag?
There is a pencil case .
It is small and blue.
There are pencils and an eraser .
Rabbit head caps are on the pencils.
They are cute.
There are textbooks and notebooks.
They are too heavy .

Unit 04

Matt is my best friend.
We love to have fun.
We go to the playground every day.
On a slide, we go up and down .
On a merry-go-round, we go round and round .
And we play hide-and-seek .
We play rock-paper-scissors .
We play all day long .

92

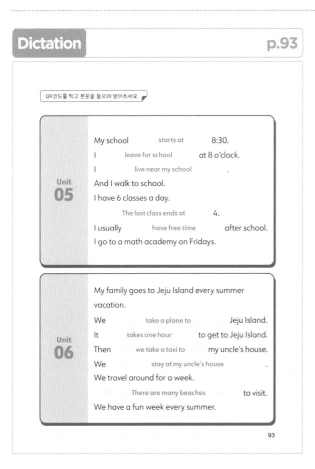

QR코드를 찍고 본문을 들으며 받아쓰세요.

Unit 05

My school starts at 8:30.
I leave for school at 8 o'clock.
I live near my school .
And I walk to school.
I have 6 classes a day.
The last class ends at 4.
I usually have free time after school.
I go to a math academy on Fridays.

Unit 06

My family goes to Jeju Island every summer vacation.
We take a plane to Jeju Island.
It takes one hour to get to Jeju Island.
Then we take a taxi to my uncle's house.
We stay at my uncle's house .
We travel around for a week.
There are many beaches to visit.
We have a fun week every summer.

93

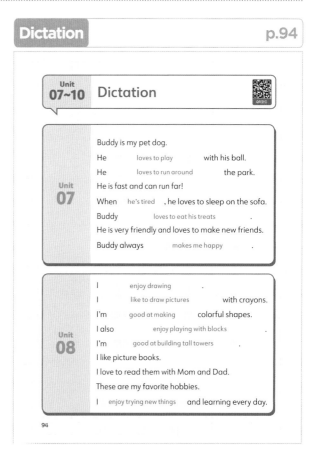

Unit 07~10 Dictation

Unit 07

Buddy is my pet dog.
He loves to play with his ball.
He loves to run around the park.
He is fast and can run far!
When he's tired , he loves to sleep on the sofa.
Buddy loves to eat his treats .
He is very friendly and loves to make new friends.
Buddy always makes me happy .

Unit 08

I enjoy drawing .
I like to draw pictures with crayons.
I'm good at making colorful shapes.
I also enjoy playing with blocks .
I'm good at building tall towers .
I like picture books.
I love to read them with Mom and Dad.
These are my favorite hobbies.
I enjoy trying new things and learning every day.

94

117

QR코드를 찍고 본문을 들으며 받아쓰세요.

Unit 09

Pizza is my favorite food.
It is an Italian dish .
It has yummy cheese on top .
Sometimes, my family make pizza at home .
We put all the toppings on the pizza.
Then, we bake it in the oven.
Pizza is fun to eat and share.
It makes me happy.
I always smile when I have a pizza party .
It is the best time.

Unit 10

Mickey Mouse is my favorite star.
Mickey has big, round ears and a big smile .
He wears red shorts, yellow shoes , and white gloves.
Mickey Mouse loves to go on adventures .
He has many friends like Minnie Mouse,
Donald Duck, and Goofy.
He and his friends solve fun puzzles together.
I have Mickey Mouse toys and books.
I like to read Mickey Mouse stories .
They are very exciting.

95

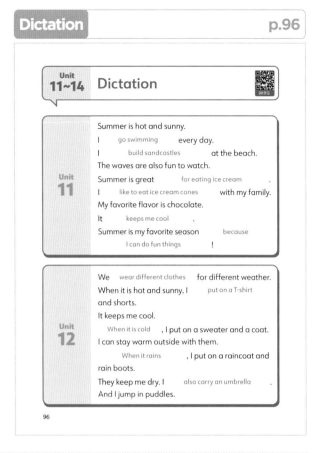

Unit 11~14 Dictation

Unit 11

Summer is hot and sunny.
I go swimming every day.
I build sandcastles at the beach.
The waves are also fun to watch.
Summer is great for eating ice cream .
I like to eat ice cream cones with my family.
My favorite flavor is chocolate.
It keeps me cool .
Summer is my favorite season because
I can do fun things !

Unit 12

We wear different clothes for different weather.
When it is hot and sunny, I put on a T-shirt
and shorts.
It keeps me cool.
When it is cold , I put on a sweater and a coat.
I can stay warm outside with them.
When it rains , I put on a raincoat and
rain boots.
They keep me dry. I also carry an umbrella .
And I jump in puddles.

96

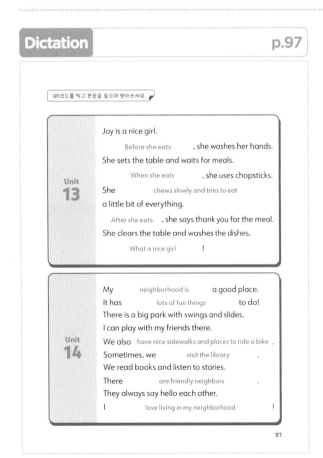

QR코드를 찍고 본문을 들으며 받아쓰세요.

Unit 13

Joy is a nice girl.
Before she eats , she washes her hands.
She sets the table and waits for meals.
When she eats , she uses chopsticks.
She chews slowly and tries to eat
a little bit of everything.
After she eats , she says thank you for the meal.
She clears the table and washes the dishes.
What a nice girl !

Unit 14

My neighborhood is a good place.
It has lots of fun things to do!
There is a big park with swings and slides.
I can play with my friends there.
We also have nice sidewalks and places to ride a bike .
Sometimes, we visit the library .
We read books and listen to stories.
There are friendly neighbors .
They always say hello each other.
I love living in my neighborhood !

97

Unit 15~18 Dictation

Unit 15

My funny hero is my dad.
Dad is very special to me .
Dad makes me laugh every day.
Dad loves to tell jokes.
"Why did the bicycle fall over?
Because it was two-tired !"
I laugh every time he tells this joke .
Dad makes me happy and makes me laugh .
He gives me a warm smile and love.

Unit 16

Let's make a sandwich today.
First, get two slices of bread.
Next, spread butter on the bread.
Then, add a slice of cheese .
And put tomatoes and lettuce.
After that, add bread on top.
Now, press it down a little .
Cut the sandwich into small pieces.
Finally, it's ready to eat !
Enjoy a yummy sandwich !

98

118

Unit 17

Christmas is a special day.
It's time to come together with family and friends.
We decorate a big tree with lights.
On Christmas Eve, we hang up stockings.
We hope to get gifts.
In the morning, I'm excited to open presents.
Christmas is also about giving.
I make cards and share joy with others.
It's a joyful and magical holiday!

Unit 18

My feelings change every day.
When I'm happy, I smile and laugh.
I feel happy when I am playing soccer.
I feel sad when something goes wrong.
When I'm sad, I want to be alone.
Sadness is a part of life.
Sometimes, I'm angry.
I feel angry when someone hurts my feelings.
When I'm mad, I try to take deep breaths.
And then I feel better.

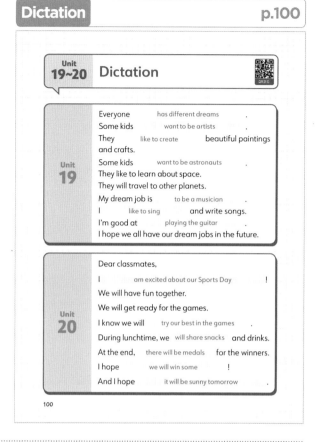

Unit 19~20 Dictation

Unit 19

Everyone has different dreams.
Some kids want to be artists.
They like to create beautiful paintings and crafts.
Some kids want to be astronauts.
They like to learn about space.
They will travel to other planets.
My dream job is to be a musician.
I like to sing and write songs.
I'm good at playing the guitar.
I hope we all have our dream jobs in the future.

Unit 20

Dear classmates,
I am excited about our Sports Day!
We will have fun together.
We will get ready for the games.
I know we will try our best in the games.
During lunchtime, we will share snacks and drinks.
At the end, there will be medals for the winners.
I hope we will win some!
And I hope it will be sunny tomorrow.

'공부 습관'이야말로 가장 큰 재능입니다.
재능많은영어연구소는 최고의 학습 효과를 내는
최적의 학습 플랜을 고민합니다.

소장 **윤미영**

경희대학교 영문학과와 같은 대학에서 석사학위를 받았습니다. 20여 년 동안
지학사, 디딤돌, 키 영어학습방법연구소, 롱테일 교육연구소에서 초등생과 중고
생을 위한 영어 교재를 기획하고 만드는 일을 해 왔습니다. 베스트셀러인《문법
이 쓰기다》,《단어가 읽기다》,《구문이 독해다》, 혼공 시리즈《혼공 초등 영단어》,
《혼공 초등 영문법》, 바빠시리즈의《바빠 초등 필수 영단어》등을 집필했습니다.

초등영어 쓰기독립 글쓰기 스타터

1판 1쇄 발행일 2025년 2월 17일

지은이 재능많은영어연구소

발행인 김학원
발행처 휴먼어린이
출판등록 제313-2006-000161호(2006년 7월 31일)
주소 (03991) 서울시 마포구 동교로23길 76(연남동)
전화 02-335-4422 **팩스** 02-334-3427
저자·독자 서비스 humanist@humanistbooks.com
홈페이지 www.humanistbooks.com
유튜브 youtube.com/user/humanistma
페이스북 facebook.com/hmcv2001 **인스타그램** @human_kids

편집주간 황서현 **편집** 이서현 김혜정 **원어민 검토** Sherwood Choe
표지 디자인 유주현 **본문 디자인** PRISM C **음원 제작** 109Sound
용지 화인페이퍼 **인쇄** 삼조인쇄 **제본** 해피문화사

ⓒ 재능많은영어연구소·윤미영, 2025

ISBN 978-89-6591-606-2 64740
ISBN 978-89-6591-589-8 64740(세트)